复制旺铺 Copy Wangpu

做最有气场的店铺

ZUO ZUIYOU QICHANG DE DIANPU

连　军 / 主编
郑复生 / 著

中国经济出版社
CHINA ECONOMIC PUBLISHING HOUSE
北京

图书在版编目（CIP）数据

做最有气场的店铺 / 连军 主编 .

北京：中国经济出版社，2014.5

ISBN 978-7-5136-2992-8

Ⅰ. 做… Ⅱ. ①连… Ⅲ. ①商店 - 商业经营 Ⅳ. ① F717

中国版本图书馆 CIP 数据核字（2013）第 304663 号

责任编辑 李煜萍

责任审读 贺 静

责任印制 马小宾

出版发行 中国经济出版社

印 刷 者 三河市佳星印装有限公司

经 销 者 各地新华书店

开 本 710mm×1000mm 1/16

印 张 15

字 数 218 千字

版 次 2014 年 5 月第 1 版

印 次 2014 年 5 月第 1 次

书 号 ISBN 978-7-5136-2992-8

定 价 35.00 元

中国经济出版社 **网址** www.economyph.com **社址** 北京市西城区百万庄北街 3 号 **邮编** 100037

本版图书如存在印装质量问题，请与本社发行中心联系调换 （联系电话：010-68319116）

前言

你也可以开旺铺

网购时代来临，实体店铺几乎每天都在和网店抢生意，以至于很多店铺生意日渐惨淡。事实真是如此吗？网店的发展是你开不了旺铺的原因所在吗？

很显然不是。

我始终相信：只要你愿意，任何一个店铺都有可以成为一个旺铺，你的店铺也不例外。

你可能觉得我说得太轻巧："谁不想开一个旺铺？开旺铺要受到很多因素的制约，没有你想象的那么容易。"进而你会告诉我开旺铺可能受到的制约因素，比如店址的选择、商品的选择、店面的装修、店员的培训、营销手段的运用……

好了，开店要遇到的因素确实有很多，但这并不能成为店铺不旺的理由。如果你不认同我的观点，我们不妨来做这样一个推断：

如果你觉得自己店铺销售不够火爆是因为店址不好，那么请问，为什么有很多旺铺开在一些小胡同或者人流量不够大的地方照样名声在外，而有的店铺尽管开在人流如梭的马路边，还是门可罗雀呢？

如果你觉得自己店铺客流量不够大是因为商品不够齐全，那么请问，进入你店铺的顾客是否有很多是因为买不到自己想要的东西而离开的？又有多少人是认识到你的店铺商品不够齐全而不愿意进店消费呢？

如果你觉得自己的店铺不够吸引顾客是因为装修不够豪华，那么请问，那些装修豪华的店铺就能销售火爆了吗？为什么很多店铺在重新装修之后销售反而更加不好呢？

我之所以这么说，并不是否定选址良、商品全、装修好在旺铺经营中所起到的作用，而是要告诉你，这些都不是主要原因。要想开一个旺铺，还有更重要的事情要做。是什么事呢？提高店铺的气场。无论是优化店铺的选址、增加商品的种类，还是对店铺进行装修，都是提高气场的一个部分。要想提高店铺的气场，仅仅把眼光局限在这些方面是不全面的，对于提高店铺的销售量来说是不够有效的。

提高店铺的气场，是一个系统的工程，它除了要注重一些客观性的因素比如装修、商品种类、营销手段等之外，更要注重一些主观性的因素。比如提高店铺的“存在感”、强调“主角意识”、秉持“理念”、强大“内心”、审视“自我”等。很多时候，你可能仅仅在客观因素上努力，却没有意识到还应该从主观因素上改变，最终导致努力无效，让店铺濒临倒闭。那么现在，你就应该重新反省一下自己曾经走过的经营之路，看看是不是在这些方面有所欠缺。当你真正静下心来思考的时候，你会发现：原来这么长时间以来，店铺的经营一直都处在“一条腿走路”的状态之下，怪不得很难改善店铺的经营状况。

那么如何系统地提高店铺的气场、改善店铺的经营状况呢？本书从“存在感”“主角意识”“面子气场”“商品气场”等12个方面入手，从内到外、从客观到主观进行了全方位的阐述，其中还辅以一些测试题、案例对比、反省思考题来加深你的理解。当然，本书还提供了一些非常实用的操作手法，不仅让你懂得问题出在哪里，而且让你知道该如何解决这些问题，真正帮助你提高店铺的气场，达到开旺铺的目的。

店铺气场，或许对于你来说是一个全新的概念，但不要怀疑它的实用性。它之所以新，并不是因为它今天才出现，而是今天才被发现。实际上，它一直都存在着、影响着你的店铺经营。

提高店铺的气场，是一趟神奇的旅行。如果你觉得自己的店铺销售不够火爆，那么不妨跟我一起出发，给店铺一个全新的开始吧！

郑复生

2014年3月

CONTENTS

目 录

1 第一章

店铺不够旺？气场不够强！

店铺不够旺、销售不够火爆，到底是什么原因？你可能和很多店铺经营者一样，一直在考虑这个问题，却始终没有得到真正的答案。也正因为如此，你开始“病急乱投医”，简单地把责任归结到店铺选址不好、自己能力不行、顾客没有眼光、装修不到位、商品不够走俏等原因上，并且试着从这些方面去改变、提高，最终并没有多大改观。

其实店铺不够旺，真正的原因是店铺的气场不够强。在很多人的心目中，店铺的选址、装修、商品种类、顾客喜好等原因都能影响店铺的销售，但是只要店铺的气场足够强大，这些因素对店铺造成的负面影响都能降到最低，甚至可以变成店铺的一个特色、优点，促进店铺的销售。你是不是觉得这很神奇呢？现在，我们就要通过这样神奇的方式来改造你的店铺，你准备好了吗？

第一节 测试：你的店铺够"旺"吗？

改造你的店铺、提高店铺的气场，首先要确定你的店铺销售是不是够旺。店铺销售不佳的状况不是一夜之间出现的，很多时候你可能没有注意到问题的存在，而实际上这些问题已经给店铺的销售造成负面影响了。

现在，我们就来进行一个测试：

1. 在营业时间，店铺门口的客流量大（每分钟超过6个人走过）吗？
A. 很大　　B. 要看时间段　　C. 很小

2. 你觉得自己的店铺够吸引顾客吗？
A. 够吸引 B. 还行　　C. 不够吸引

3. 每天进店的客户多吗？
A. 很多　　B. 一般　　C. 很少

4. 店铺每天的成交量大吗？
A. 挺大　　B. 还行　　C. 挺少

5. 顾客对店铺的评价如何？
A. 很好　　B. 一般　　C. 不好

6. 店铺的回头客多吗？
A. 很多　　B. 一般　　C. 很少

7. 店铺经常性做促销活动吗？
A. 经常　　B. 只在节假日做　　C. 基本上不做

8. 促销活动的力度大吗？
A. 很大　　B. 不一定　　C. 很小

9. 店员销售的情绪如何？
A. 情绪高涨　　B. 情绪稳定　　C. 情绪低迷

10. 店铺的竞争对手多吗？
A. 很少　　B. 一般　　C. 很多

11. 你经常参观销售火爆的同行店铺并学习经验吗？
A. 经常这么做　B. 偶尔这么做　C. 从不这么做

12. 你对店铺的生存信心如何？
A. 很有信心　B. 走一步算一步　C. 没有信心

13. 你经常看一些店铺营销类的书籍吗？
A. 经常看　B. 偶尔看　C. 从不看

14. 你经常对店铺的销售进行改进，以适应更多的顾客吗？
A. 是的　B. 偶尔　C. 不是

15. 店铺的店员数量有多少？
A.10 人以上　B.5—10 人之间　C.5 人以下

16. 店员是否有偷懒的情况？
A. 几乎没有　B. 偶尔性会发生　C. 时常发生

17. 店铺的利润情况如何？
A. 很好　B. 一般　C. 很差

18. 如果有另外的项目，要你放弃经营这个店铺，你会怎么做？
A. 我会坚持　B. 看新项目的具体情况　C. 我会放弃

19. 店铺店员的素质高吗？能做到热情服务吗？
A. 能，他们做得很好
B. 一般，还需要改进
C. 不好，准备辞退他们

20. 同行对你店铺的综合评价如何？
A. 很高　B. 不清楚　C. 很低

评分标准：
选择 A：3 分　选择 B：2 分　选择 C：1 分

现在，请统计你店铺的得分：__________。

答案解读

◎ 如果你店铺的得分处在 20 ~ 33 分，说明你的店铺并不是一个旺铺，每天的销售情况非常不好，可能是客流量很少，也可能是你在经营上出现了问题，或者你根本就没有真正把心思放到这个上面来，以至于出现了今天这种状况。现在你的店铺可能还能支撑一段时间，不过利润率的下降、损耗的增加以及同行之间的竞争很容易把它挤垮，所以，建议你尽快进行改进，提高店铺的气场，从而改善店铺的销售情况。

◎ 如果你店铺的得分处在 34 ~ 47 分，说明你的店铺销售业绩平平，暂时不会有倒闭或者陷入困境的危险，但并不表示这种危险并不存在。或者只是暂时还没有发现罢了。另外，在你的店铺经营过程中，还是存在一些或大或小的问题，如果这些问题没有得到系统的梳理和解决，很难发现，也很难解决彻底。一旦这些问题集中爆发，店铺的生存就不容乐观了。

◎ 如果你店铺的得分处在 48 ~ 60 分，恭喜你，你的店铺销售情况良好，气场很强，基本上不会有太大的问题发生。即便发生了问题，以你的能力很快就能解决。如果能够保持这种状态继续下去，赚大钱基本不成问题。

第二节　旺铺，到底在哪里?

做过了上面的测试题，你已经清楚地知道自己的店铺够不够旺了。这个结果可能和你的想象有一些出入，而原因有两方面：可能是你对自己的店铺了解并不全面，也可能是你对旺铺的概念有些模糊，也就是说，你很有可能根本不知道什么样的店铺才能算是旺铺。

这不是开玩笑吧?

我没有开玩笑。尽管开一个旺铺是你从一开始就有的愿望和理想，可是你真的知道什么是旺铺吗？你知道该如何衡量一个店铺是不是旺铺呢？在一般人的心目中，可能有两种概念存在：

第一种观点：能挣钱的就是旺铺。确实，利润是最为明显的衡量标准之一，但是我们应该考虑这样一个问题：什么时候的利润能真正代表店铺的利润呢？是平常的利润，还是促销时的利润，还是年度平均利润呢？另外还有一个问题：如果店铺的利润在短时间里很高，而在一段时间之后降低，那么这个店铺是不是也可以算是旺铺呢?

面对这两个问题，你可能没有办法一下子说清楚，这说明通过利润来衡量一个店铺够不够旺，不是最好的办法。

第二种观点：客流量大的店铺就是旺铺。从直观的角度来看，一个店铺只有客流量大，交易量才会大，利润才会多，这样的理解似乎没有问题。不过我们也应该清楚地意识到一点：客流量大并不等于交易量大。很多店铺往往处在“看的人多，买的人少”的尴尬之中无法摆脱。那么这样的店铺又怎么能算是旺铺呢？很显然，这也不是有效的衡量方式。

现在，你应该明白一个道理了：衡量一个店铺是不是旺铺，不能简单地通过一个方面来进行。它应该是一个系统，应该从多个方面来衡量。只有这样，你才能全面地认识自己店铺的经营状况，才能真正朝着旺铺的目标改进。

现在，你肯定很想知道这个衡量系统包括哪些内容。别着急，我们一个一个来分析：

名声

名声，就是店铺的一个品牌。尽管一个旺铺并不需要做到妇孺皆知，但是在目标顾客群当中，还是应该具备一定的知名度。

店铺的知名度，到底有什么作用呢？总的来说有两个方面：

第一，就是我们常说的：提高店铺对顾客的吸引力。只有具备足够的吸引力，你的店铺回头客才多，才能最大程度地吸引潜在的顾客前来消费，扩大自己的市场份额。

第二，削弱竞争对手的名气。这一点你可能没有意识到。其实很好理解，两个店铺之间的名气是相互抵消的，A 店铺的名气高，那么对于同业的 B 店铺来说，就是一种削弱。尽管这种竞争没有一定的针对性，但剑拔弩张的气氛并没有降低。对于互相是竞争对手的两个店铺来说，目标顾客的需求量是一定的，A 店铺的销售提升了，意味着 B 店铺的销售量就得相应下降，反之亦然。

情景范例

办公室午间对话

周五中午，办公室的几个女孩在吃完午饭之后闲聊，讨论周末该去哪里消费。

A：“马上就天冷了，我得去买件羽绒服，唉，今年又胖了不少，去年的都不能穿了，不知道该去哪个店买，姐妹们，给点建议呗。”

B：“这还用建议啊？羽绒服，当然首选波司登咯，贵是贵了点，品质没得说的。我倒是心烦周末和男友约好吃火锅，不知道该去哪里消费。”

C:“这个也好说，基本上没什么可选的：要么小肥羊，要么海底捞，就看你们约会的地点离哪个更近一些了。”

A:“欸，那可不一定啊，我听说在王府井有一个火锅店，非常有特色，是特别为情侣开设的，里面的灯光非常温馨浪漫，店员还经常时不时地给顾客送玫瑰花，最浪漫刺激的是有一次，这个店的店员和一个男顾客配合，上演了一出浪漫的“求婚”戏，愣是把那个女孩感动得一把鼻涕一把泪的，唉，你说我怎么就没有遇到这么好的男人呢？”

B:“是吗？叫什么名字啊，我决定了，周末就去那里。”

A:“好像叫“浪漫之都”，别着急，我问问我那姐们儿，一会儿告诉你。

很显然，这几个女孩在不经意的讨论中，基本上已经把周末消费的店铺安排好了。买羽绒服的，去波司登；吃火锅的，去浪漫之都……那么请问，这些女孩为什么选择这些店铺？答案很明显：这些店铺名声在外，在目标顾客群当中有一定的知名度。甚至这种知名度对自己的竞争对手产生了一定的冲击作用，比如“浪漫之都”对“小肥羊”、“海底捞”的冲击。”

名声大，是决定一个店铺是否够旺的外在衡量标准，也是构成一个旺铺的必要条件。只有店铺名声够大，才能大老远地把顾客吸引过来，进店消费。那么店铺才有旺的可能性。

当然，这个名声必须是正面的。如果是负面的，将会起到相反的效果。所以，店铺经营者不要单单为了求名声而不择手段，后果将不堪设想。

》进店量

所谓进店量，是指顾客单位时间内进店的人数总量。比如在一天的营业时间内，总共有 500 个从门前走过的潜在顾客进入店铺，不管最终消费与否，那么进店量就是 500。

吸引顾客进店，是销售开始的第一步。顾客是不是愿意进到你的店铺，也直接影响到你的店铺是否能够成为一个旺铺。当然，进店量的大小也受到两个因素的制约：

第一，店铺的选址。如果你的店铺选择在一个客流量本身就不多的偏僻之处，那么进店量自然也就不会很高。

第二，店铺是否具备吸引力。店铺的吸引力和很多因素有关，比如店铺的logo、装修风格、商品的陈列、橱窗的摆设、门迎店员的形象等。

或许你以前在其他地方听说过进店率的概念，用进店率来进行衡量一个店铺是不是够旺其实并不能够真实反映情况，因为有的店铺进店量很大，即便进店率不高，消费也可能很好，而有的店铺，尽管进店量不大，但是进店率很高，很多顾客就是奔着这个店铺去的，那么这个店铺也可能是个旺铺。

不管怎么说，只有提升店铺的进店量，才能把旺铺做起来。如果你的店铺顾客根本就不愿意进去，那么又谈何做成旺铺呢？

情景范例 **我们还是去另外一家吧**

在一条步行街上，几家餐馆并排开着。一群逛街的人想要吃饭，于是有人提议，就在离自己最近的A餐馆吃饭算了，吃完还可以继续逛，而另外的几个人看了看A餐馆之后，对着这个人说："我们还是去另外一家吧，这家看着就不想进。"

"为什么呢？"

"太脏了。""看他炒的菜都不好吃。""服务员看着很凶……"毫无疑问，这群人最终离开了这家店铺，选择了另外一家消费。

尽管步行街人来人往，但真正进入这家店消费的人并不多。

很显然，这家店的进店量已经影响到了店铺的销售，这样的店铺连生存下去都有问题，又谈何做成旺铺呢？试想，如果你是这家餐馆的老板，要想提高进店量，该如何做呢？很显然，诸如"太脏"、"菜色不好"、"服务太差"的问题都需要解决，这些因素直接影响到店铺的气场，导致它对潜在顾客失去吸引力。

》交易率

顾客进店了，这只是完成了第一步：顾客被你吸引进来了。那么顾客进来之后是不是能够进行交易，让店铺获利呢？这就要涉及另外一个问题了：交易率。所谓交易率是指每100个进店的潜在顾客最终消费的比例。比如平均每100个进店的潜在顾客当中有20个人进行了不同程度的消费，那么交易率就是20%。

这些潜在顾客愿意进店看一看，说明他们对你的店铺第一印象还是不错的，这是一个好的开始，如果商品能够满足他们的需要，店员服务质量能够让他们满意，价格也符合他们的心理底价，那么成交的可能性就很大。遗憾的是，很多店铺在经营的过程当中，不是在商品上出现问题，就是在服务上有瑕疵，甚至很多店铺摆出一副"本店不讲价"的态度来面对顾客，那么又指望谁来提高店铺的交易率呢？

不要以为摆出一副“本店不讲价”的态势来就是一种气场。在顾客的心目当中，“此处不讲价，自有讲价处”，为什么一定要在你的店铺里消费呢？

情景范例 **看的人多买的人少**

一家服装店铺开在一个居民小区附近，每天店门口人来人往，客流量应该不算少。因为这家店铺经营的是一个国际品牌的衣服，档次比较高，价格也比较贵。每天来这里看衣服、试穿的人并不少，但真正选择在这里交易的人却很少。甚至有的时候一天连一笔生意都做不成。无奈之下，这间店铺只有选择转让。

我们看这家店自身条件并不差：商品有品牌、客流量很大、进店量大，唯独交易量小。这正印证了销售界的一句话：交易才是硬道理。没有交易，再好的店铺条件都是白搭。

如果你是这个店的老板，提高店铺的交易量就是接下来你要做的事情。那么具体该如何提高呢？涉及的内容有很多，在下面的篇幅当中我们会一一进行叙述。

回头客

我们都不是孙二娘，开店不能做一锤子的买卖。一个店铺是不是能够成为一个旺铺，和这个店铺回头客的多少有着很大的关系。回头客多，有两大好处：

第一，能够有固定的、稳定的顾客群。回头客，意味着一旦有这方面的需求，他们在大多数的情况下会回到店铺进行消费。对于店铺来说，这一部分的收入是稳定的。

第二，不断有新的、稳定的顾客群加入。当店铺有了回头客之后，这些回头客很可能会把店铺介绍给自己的亲朋好友，使得这些原先不是回头客的人也成为新的回头客，从而加大店铺的销售，帮助店铺成为一个旺铺。

据一份调查的数据显示：每一个顾客的后面往往都站着6～8位潜在顾客。如果一个店铺能让这个顾客成为回头客，那么站在他后面的6～8位潜在顾客也很有可能成为回头客……如此发展下去，对于店铺来说，是一个相当庞大的数量。

情景范例 **“粗糙”的旺铺**

有一个餐馆很粗糙：店名只有“面馆”两个字，没有很好的店址，它坐落在一条胡同之内，一般的人根本不知道这里面有这样一家餐馆。甚至这家面馆连一个门面都没有，进入餐馆只有一扇很窄的门，进入这扇门就是厨房，要到餐厅吃饭，必须要穿过厨房。进入餐馆，没有啤酒，没有饮料，没有服务员招呼你，老板加员工只有三个人。可就是这样一家餐馆，每个月的纯收入达到5万块钱。

那么这家店铺的老板是如何做到的呢？他说之所以有这样的收入，靠的就是回头客，因为自己做面条讲究创新、用料足，所以味道比一般面馆的面味道要好，所以很多人吃了第一次之后就会来第二次，甚至把自己的亲朋好友也介绍来。就这样，店铺不仅生存了下来，而且利润还不错，甚至比一些大的餐馆利润还要高。

这是一个真实的案例，你看了之后可能觉得有些不可思议，但事实是存在的，你无法忽略。很显然，这家店铺可以算是一个旺铺，尽管没有好的店址、装修、服务，但是利润依然很丰厚，而且比那些店面不错、装修不错的同行还要高。靠的是什么？靠的就是回头客。

当然，也有一些店铺把自己定位在“做一次性买卖”的，比如说火车站的某些店铺、出售处理商品的店铺、处理清仓商品的店铺。这些店铺已经失去了“经营”的本质，故不在本书的讨论之列。

现在，衡量一个店铺是不是旺铺的标准已经摆在你的面前了，请你根据自己店铺的情况，重新衡量一次，看看和先前的测试结果是不是一致。

第三节 “路过而错过”的原因在气场

“走过路过，千万不要错过，进来瞧一瞧，看一看……”相信这样的广告语你肯定听到过，甚至在某些时候你自己的店铺还用过。那么，在你店铺门前走过的潜在顾客当中，又有多少人真的“听”你的，进来“瞧一瞧、看一看”呢？

相信不会很多。即便进来了，有很大一部分人也只是看了看就扭头走了，甚至没有给你展示商品的时机。可能很多时候，你出售的商品确实物美价廉，你也希望能让顾客获得实实在在的利益，让他们成为自己的回头客。遗憾的是，绝大多数的顾客还是“走过路过最终错过”了。那么为什么会出现这种情况呢？原因不在于你的广告语不够好，而在于你的店铺气场不够强大，或者根本没有气场可言。

下面，我们就来了解一下店铺的气场，到底包含哪些方面的内容。

》吸引力

吸引力的来源可以有很多方面，比如奇特的logo、好听的店名、物美价廉的商品、独特的服务、个性化的展台橱窗……在这些要素当中，有一种或者几种能够吸引顾客，那么就可以说这个店铺是具备吸引力的。

这种吸引力是店铺留给顾客的第一印象，称为“首因印象”，它会影响到顾客后续的判断，称为“首因效应”。也正因为如此，很多店铺经营者一直想要在logo、店名、装修风格上下工夫，提高店铺的吸引力。事实上，因为这个而成功的店铺并不少。

情景范例　“叫花子”服务员

杭州的叫花鸡一直非常有名，很多饭店也以这道菜作为招牌来吸引顾客。遗憾的是，很多店铺一直都没有做出什么特色，只有一家叫“天下友”的餐馆，真正把叫花鸡打出了品牌。人们只要一想到吃“叫花鸡”，首先想到的就是“天下友”。

那么这家店铺是如何做到这一点的呢？最为突出的就是它给顾客的吸引力。比如一般饭店的门迎都是年轻的小姑娘，而且打扮得非常漂亮，而这家店选择了中年人，打扮成叫花子，手里还拿着一个破碗、一根“打狗棒”，时不时地“耍”一下。在里面服务的服务员虽然是年轻的姑娘，却也打扮成叫花子，破破烂烂的衣服、蓬松的头发，让人看了有一种滑稽的感觉。甚至，在这家店铺里面，还时不时地举行一场“丐帮大会”，每次都要选出一个“丐帮帮主”，场面相当轰动。

当然，这家店的卫生是合格的，它只不过是以这样的形象来吸引顾客。用这家店老板的话来说就是：让一些“叫花子”给你端上一盘叫花鸡，你是不是觉得更加正宗呢？

你可能看不惯这些人有些“出格”的做法，让一群打扮成叫花子的人来当服务员，这样的饭菜还能吃得下去吗？然而事实证明，这家店铺生意非常火爆，叫花鸡的销量也相当好，往往是其他店铺的两三倍。同样以叫花鸡为招牌，为什么“天下友”这个店铺就能卖得如此之好？原因就在于它对顾客有足够的吸引力。

不过在此也要提醒一些店铺经营者，吸引力，充其量就是一种表面工夫，要想提高店铺的气场，还得有真材实料才行。否则，即便你把顾客吸引过来了，最终顾客还是会走掉的。

说服力

对于店铺来说，说服力的内涵是什么呢？就是店铺说服顾客消费的能力。

你可能觉得很奇怪：店铺怎么能够说服顾客来消费呢？我举一个简单的例子你可能就明白了：如果你想买一套高档的西服，在一个装修很差、价位不高的店铺你肯定不买，因为你怀疑这套西服是假的，或者是高仿的。而在一个装修豪华的专卖店，你会毫不犹豫地下手，因为你觉得这是真的，不可能骗人。

很显然，前面一个店铺无法说服你去消费，而后面一个店铺则在无形当中说服了你，让你成了它的顾客。

情景范例　凌乱的衣服更好卖

服装行业一直以来都是一个竞争非常激烈的行业，很多店铺因为销售不力或者销售方法不对，出现了亏损的情况。那么该如何进行销售才不至于出现亏损的局面呢？很多店铺营销者一直在苦苦地思考这个问题，同样经营服装的刘先生也一直在思考着这个问题。

突然有一次，在经过一个衣服地摊的时候，细心的刘先生发现这里的服装生意非常好，虽然衣服摆在地上乱七八糟的，没有一点整洁之感，但是顾客却就是在这些乱七八糟的衣服堆上进行挑选，就在刘先生站在那里观看的短短5分钟时间，地摊老板已经完成了3次交易，按照完成一次交易挣10块钱来算，5分钟之内，地摊老板已经挣了30块钱了，这可是平常刘老板一小时的收入啊！

惊讶之余，刘老板决定在自己的店铺试试这种促销方法。于是在一次促销活动上，刘先生学着地摊的做法，将原本码放得整整齐齐的衣服全部搞乱，并且同时还高喊“贱卖”“便宜货”“处理”等口号。一时间，那些小家庭主妇就被吸引了过来，开始对商品进行挑选。不到半天的时间，几乎将所有的服装都抢购一空。

为什么刘老板在把衣服全部搞乱之后，生意反而更好呢？因为这样营造出了一种“贱卖”的气场，提高了店铺“便宜出售”的说服力，最终说服顾客来抢购衣服。

征服力

一个有气场的店铺，不仅仅对顾客有吸引力，而且还具备征服力。什么是征服力？说到底就是店铺把顾客给征服了。顾客进店消费，往往是怀着挑剔的心理去的，那么什么样的店铺能把顾客给征服了？很简单：做得比顾客想得还要好、还要周到、还要细心。总之，让顾客无话可说、心服口服。

这样的店铺虽然不多，但并不意味着没有。在现代的火锅行业，就有这样的店铺——海底捞。尽管受到“勾兑门”的影响，但它在顾客心目中的地位依然没有下降。请问，它是如何做到的？

情景范例 一碗刚出锅的老北京炸酱面

一天，几个同事听说海底捞的服务特别好，能够想到顾客所没有想到的，做到顾客所希望做到的，于是相约去海底捞吃火锅。来到海底捞一看，确实和一般的火锅店不太一样：每个服务员都是发自内心的笑容满面，用餐过程中，她们的服务贴心周到。如果遇到人多需要等位的时候，他们更是提供免费的水果、爆米花等小吃。而且会给等位的顾客做美甲、擦皮鞋、擦手机、清洗眼镜等，就连厕所也都贴心地备有杂志，洗手台上琳琅满目，摆满了洗面奶、吹风机、发胶、牙膏、牙刷、牙签、棉签、护手霜、纸巾、毛巾……

最让我们感到意外的是，在点菜的时候，一个同事无意间说了一句话：好久没吃到老北京炸酱面了。对于这句话我们都没有在意。可是半个小时之后，一碗刚出锅的老北京炸酱面就端到了这位同事面前，对于我们的惊讶，服务员笑了笑说：“这是我们刚出去买回来的，赶紧趁热吃了，凉了就不好吃了。”

毫无疑问，海底捞把我们征服了，以后再有谁说吃火锅，我们都毫不犹豫地选择海底捞。

店铺凭借什么征服顾客，凭借的就是自己的付出和努力。就像海底捞的服务员一样，能把顾客无心的一句话放在心上，并且竭力去做好。那么为什么很多店铺无法做到这一点呢？很有可能在他们心目中，顾客是挑剔的、不好伺候的。事实上并不然，只要你多为顾客做一点、做得仔细一点，顾客绝大多数情况下都会买账、被你征服。

征服力，让店铺的气场在无形当中得到提升。

信誉力

一个店铺要想成为一个旺铺，就应该“做长线”，把眼光放长远，不要着眼于小利益。要想做长线，最为重要的就是讲究信誉。可能你也知道，很多店铺的经营者并没有做到这一点，坑蒙拐骗，什么缺德的事情都能做得出来。很显然，从短时间来看，这些店铺确实能获利，可是顾客会相信这样的店铺吗，下一次还会选择这个店铺消费吗？显然不会。没有信誉的店铺是很难有气场的，自然也就不可能成为一个旺铺。

情景范例　提醒顾客“货比三家”的超市

柴老板的小超市开在小区附近，周围还有三家超市，可以说竞争非常激烈。不过，柴老板的超市并没有因为同行的竞争而陷入经营困难的局面，相反，生意总是很好。柴老板是如何做到这一点的呢？很简单——保持诚信，只不过他的这种诚信以一种非常奇怪的方式表达出来：当顾客到超市购买商品的时候，柴老板都会非常善意地劝说顾客要进行货比三家，不要吃亏上当。后来，柴先生干脆在店铺门口立了一个告示牌：在您进入本店铺购物之前，请您货比三家，以免吃亏上当。

有好几次顾客听从了柴先生的劝告，到周围的超市进行了价格比对，可是最后又都回到了柴老板的店铺，因为他们发现，同样的商品在周围的店铺，价格都比柴老板的超市高，并且有些商品高得还不止一点。

经过几次的价格比对，顾客认准了柴老板的小超市，以后凡是能在小超市里买到的东西，大家绝对不去其他地方购买，因为他们觉得这里实在，有安全感。久而久之，经过人们的口碑相传，越来越多的人涌向了柴老板的小超市。

柴老板的小超市之所以能够生意兴隆，得益于他的诚信，毫无疑问，这个店铺的气场并不是一般店铺能比的。

店铺的气场，是一个系统性的概念，我们不能用一句话简单地把它说清楚，而是需要层层剥茧，一点点地去理解、探析。当然，要想提高店铺的气场，也不是一朝一夕就能做到的。

提高店铺的气场有难度，对于你来说，可能是个坏消息，不过好消息就是很少有人能真正做到这一点，如果你做到了，把店铺经营成一个旺铺问题就不大了。

第四节 掩不住的“弱气场”

一个店铺气场强大很容易被看出来，同样，一个店铺的弱气场也很容易被顾客“识破”。气场的强弱，不仅仅是顾客内心的一种感觉，更是一种实实在在的存在。

“店铺的弱气场在哪些方面体现出来呢？”请看以下个5方面：

店面的冷清

一个店面有没有足够的气场，很容易从其销售“热度”中表现出来。作为店铺经营者的你其实也可以通过这个方式来判断一下，自己的店铺是不是属于“弱气场”。

怎么判断呢？有一个非常直观的方法：看看销售人员是不是有倦怠的表现，特别是在早上刚刚上班的时候，如果有这种情况，说明店面冷清。因为没有足够多的顾客，或者顾客的销售力度不大，导致了销售人员心理上的倦怠。为什么通过这个简单的方式就能判断出你的店面是否冷清呢？原因很简单：销售人员的销售态度在很大程度上是由顾客的购买积极性来决定的。顾客购买积极了，销售人员的积极性就高，反之亦然。

当然，这只是一个直观的判断标准，不一定完全正确。如果你能再配以销售额来衡量，结果就会更加明确。

店员的消极态度

不妨试想一下：你是一个顾客，要到一家店铺去消费。当你准备进这家店铺的时候，你发现里面的店员是懒洋洋的，一副爱答不理的样子，你会选择掏钱吗？相信如果有第二个店铺可供选择，你肯定不会掏钱，甚至根本就不愿意进去。为什么？店铺的弱气场让你感觉“不舒服”。

人们购物不仅仅是为了满足物质需求，很大程度上也是为了满足自己的心理需求，店员的消极态度已经说明了一点：要想满足你的心理需求，没门。既然如此，你还进去做什么呢？

你不愿意到这样的店铺去消费，别的顾客也不愿意。那么对于这家店铺来说，气场就会变得原来越弱，最终只有选择关门大吉。

现在，把身份转换过来，作为店铺经营者的你，要想提高店铺的气场，是不是该注意一下店员的这种消极情绪呢？不要以为她们在没有顾客的时候玩手机、打游戏、嬉戏打闹不会影响到店铺的气场。记住，顾客的眼睛是雪亮的，如果他们觉得不舒服，根本不会进店，就像你不愿意进那些不能满足你心理需求的店铺一样。

商品长时间不更新

什么样的店铺算是旺铺？衡量的标准有很多，但有一点是不变的：销售量不会太小。当一个店铺销售量加大之后，会出现什么样的情况呢？很简单：商品的更新速度加快。以一个服装店铺为例：可能今天是这些款式的衣服，下个星期就变成另外一些款式的衣服。如果销售更加火爆一点，商品的更新速度可以达到每天一换。消费者几乎每天都能在这家店铺看到新鲜玩意儿，从而愿意进来看看，顺便淘一件新款的衣服。

最重要的是，这些店铺的气场开始增加，使得顾客开始“惦记”它，有事没事常来看看，从而带动了消费，刺激了商品的更新速度。

说了这么多，你应该明白我要说什么了：如果你的店铺长时间没有得到更新，这意味着你的店铺气场不够强，甚至你的顾客很有可能已经把你忘记。

那么该如何解决呢？有两种方法你可以尝试：

第一，减少同款商品的进货量，从而缩短商品更新的周期；

第二，和供货商谈判，在一定时间内商品销售不出，可以选择无条件退货。

当然，对于饮食店铺来说，更新商品的方法可以通过换菜单、调整价格、增加新菜式等方式进行，这也是提升店铺气场的一条途径。

陈列无变化

“也没什么新鲜的，算了，不进去了。”

“这么长时间，一点改变都没有，没劲，我们换家店看看吧！”

相信在店铺经营的过程当中，你肯定听过类似的对话。对于这些话，你可能只是一笑而过，却没有思考从中透露出来的一些信息：陈旧的商品陈列已经影响到店铺的气场。尽管陈列出来的这些商品是新货，但是它给顾客的感觉就是陈旧的商品，所以他们连进来看看的欲望都没有。你的店铺就像一件落满灰尘的物品，被人随意丢弃在角落里，无人问津，自然“弱气场”甚至“无气场”的结果也就难以避免了。

针对这种情况，改变非常简单：在一定的时间内，改变店铺商品的陈列。尽管这样做很辛苦，但对于“打造旺铺”的目标来说，这样的付出又有什么呢？

店面过于整洁

我们知道，店面乱七八糟会降低店铺的气场，实际上，店面过于整洁，同样会降低店铺的气场。之所以出现这种情况是由人们的心理来决定的。

为了让你更加清楚其中的缘由，我打一个不甚恰当的比喻：有一天，你去邻居家借一件东西，本来你有足够的时间要进去坐一坐、和主人聊聊天，可是当邻居开门之后，你发现他们家的地板刚拖干净，而且是干净得发亮的那种，这个时候，你有什么样的反应，是借了东西就走，还是选择进去坐一会儿？对于大多数人来说，会选择前者，因为你怕弄脏了邻居家的地板。

其实顾客进店消费也是一样的道理，如果店面过于整洁，就会给顾客产生一种“排斥力”，让顾客不敢或不好意思进来消费。这样一来，店铺的气场就遭到了削弱，而不是提升。

当然，对不同的店铺，有着不同的要求。如果是销售高档商品的店铺，整洁的环境也有利于提升气场。比如说金店、高档化妆品店、国际名牌店等。

看了上面的内容，是不是觉得有点不可思议呢？开一个有气场的店铺，绝不仅仅只需要在品种、质量等常见的方面入手，还需要从各个细节把握，只有这样，你的店铺才会被顾客所认识、熟知、热爱，气场才能得到提升。

2 第二章

网购时代，店铺的体验功能提升气场

自从有了网络店铺，实体店铺的日子就越来越不好过了。特别是随着团购、限时抢购等网购活动的出现，网购一时间风靡开来。受到网购便捷高效、送货上门、价格便宜等因素的影响，实体店铺的生意几乎就在一夜之间陷入了低谷。大街上，大部分的年轻人都在讨论“你在哪里团购”“双十一你几点睡的？”等话题，而不再是“你去哪里逛街”“逛街累到脚脖子疼”话题。

网购，已经成为一种时尚，我们进入了网购时代。或许此时的你正在考虑一个问题：现在开实体店铺还能赚钱吗？答案是肯定的，只不过随着时代的变化，开实体店铺也要进行一些改进。毕竟网店并不是完美的，也有它的缺陷：现场体验功能为零。这意味着实体店铺有了反击的机会，只要找准了方向，同样可以卖得很红火。这个方向就是提升体验功能，不仅让顾客看得到，也摸得到；让其看得开心，买得放心。

第一节 我们已经进入网购时代

随着当当、京东、淘宝等网站的风靡，网购时代不可避免地进入了人们的生活当中。尽管你可能不会选择网购，但并不意味着所有的人都会和你一样，和网店离得远远的。事实上，现在很大一部分的年轻人已经通过网店来购物，他们甚至也通过网店给自己的父母、朋友选购商品，内容包括衣服、电子产品、家居用品等。

网店已经向你发起了挑战，你该如何应战？我觉得以下几件事情你应该做到：

》承认现实

网络已经发展到今天，要想倒退回去是不可能的，网店的规模也只会越来越大，越来越规范，通过网店来购物的人群也会越来越多……说到底，这是一个不可回避的事实，你得承认这一点。唯有承认现实，你才能正视现实，进而寻找方法解决问题。

那么怎样才算是承认现实呢？一个非常明显的评判标准为：你是否能够看到网店的优势所在，而不是一味地埋怨网络时代。网店具体有什么样的优势存在？在下面的一个章节当中我们要着重讲到。现在我们暂且不管这一点，你只有意识到网店在某种程度上符合了现代社会人们的购物心理和购物习惯，才能接下来考虑自己的店铺该如何“扬长避短”，做好网店做不到的事情，从而把顾客重新抢回到自己的店铺。

正如我们只有看到一个人身上的优点之后，才会明白自己身上的缺点，从而取长补短，让自己得到进步，获得人心。

承认现实，这是拉开实体店铺和网店距离的第一步，请问，你做到了吗？

》发现问题

在你具备一定的网购经历或者与经常进行网购的人交谈之后，你会发现其实在网购的过程当中很容易出现一些问题。比如说以下几种：

第一，实物和照片上的差距太大。

在你准备网购的时候，你只能看到照片，却无法触摸到实物，更没有办法在众多同类商品当中进行挑选。所以，当网购的货物真的到达你手里的时候，你会感觉和实物不一样。这就不如在商场里买到的放心。甚至还会面临店家临时“调配”的情况。比如，你订购的明明是蓝色的，而真正到你手里的时候颜色却是红色的。对于物品的使用来说，这可能是小事，但对于购物体验来说，这已经降低了快感。

第二，不能“试”。

网购只是看到照片及对物品的简单介绍，像衣服或鞋子之类的，你就不能直接看出适不适合你，更不知道这些商品穿在身上是不是真的舒服，所以，你所购买的商品很有可能会成为“没用的东西”。相反，如果在实体店购买，你可以试穿，合自己的身就马上买下，不用考虑那么多。

第三，网络支付不安全。

网络在给我们带来方便的同时，也带来了风险。比如银行卡密码容易被盗、账号容易被盗、信息容易泄露等。有些朋友的电脑中存在盗号木马等，会造成一系列严重的情况发生，特别是在网吧等公共场所进行这些操作的时候，风险更大。

第四，诚信风险。

网络购物不是面对面进行的，也不是一手交钱一手交货的，所以店主的信用程度将直接影响网购的成功与否，尽管出现了第三方的支付系统，比如支付宝等，网上购物上当受骗的事情还是时常发生。

第五，配送的速度无保障。

在网上所购来的物品，还要经过配送的环节，快则一两天，慢则要一个星期或更久，有时候，配送的过程还会出现一些问题。好容易货物到手了，如果不满意，又要经过配送的环节退回去，再换回来……不是一般的麻烦。而在商场上，看到自己想要的物品，就直接到手，如果不满意，直接拿去换。

第六，退货不方便。

尽管现实中购物退货也需要较复杂的程序，可是网上退货更加困难，店家甚至提出百般无理要求拒绝退货并推卸责任。

以上六种情况都是网络购物中存在的一些问题和风险，对此你得有所了解。

做好自己

如果说前面是铺垫的话，那么这一步就是提高你实体店铺气场最为关键的一步。现在，网店到底是什么东西、网购到底是怎么回事你已经非常清楚了，而且你还知道了网购的过程中可能存在的一些问题，那么接下来你应该做什么呢？

我想聪明的你已经猜到了。对，做好自己，针对网购的不足，提高店铺对顾客的吸引率。最好能让顾客发出“还是实体店铺好啊”这样的感叹。如果你能做到这一点，那么恭喜你，打造旺铺已经不再是梦想。

当然，要想做好自己，并不是那么简单。到底该如何做，要做些什么？别着急，下面的章节当中我们会一一进行阐述。你准备好了吗？

第二节 从乔布斯身上获取灵感

毋庸置疑，乔布斯是个天才！我们暂且不论他是如何将濒临破产的苹果公司给挽救回来的，单是他提出“苹果专卖店应该提高体验功能”这一点上，我们就应该为他鼓掌。他之所以提出这样的想法，或许就是看到了网店和实体店铺之间的竞争，也了解到了网店的缺陷和不足，他的这种做法有很强的前瞻性，难道不是吗？

尽管乔布斯离开了我们，到了另外一个世界，他的这种做法依然能给我们很大的启发，我们也可以打造“体验型”的实体店铺。

网店时代，加强实体店铺的体验功能，确实是拯救气场的一条捷径。那么具体该如何去做呢？这是关键所在，现在，你有什么样的想法呢？不妨先把它记录下来吧。

____

____

____

好了，请放下笔吧，我们一起来看看你的想法和我的建议是不是一样。

》辟出一个体验区

什么是体验区？

对此你可能不是太明白，其实很简单，就是在店铺当中专门辟出一个角落供顾客来体验你的产品或者服务。如果你的店铺比较大，条件比较好，可以专门搞一个房间，或者在大厅的一个角落放置两张沙发、一张桌子，让顾客可以以一种非常休闲的方式坐在那里体验你的产品。如果你的店铺并不大，条件不是那么充裕，那么可以指定一个柜台或者一个小区域为体验区域。

如果你的店铺是服装店铺，那么试穿区就是体验区，对此，一定要精心布置。穿衣镜、衣服挂钩，私密性、情调氛围等各个方面都要考虑到。

情景范例 试穿间征服了她

诗雅内衣店店面不大，而且周围有很多的内衣店，竞争压力可想而知。可是诗雅并没有因此而倒闭，相反，生意异常红火。从店面本身来看，并没有什么特别的，但整个店面的成交率竟然达到了60%，也就是说，只要有100个顾客进入整个店铺，就会有60个人掏腰包购物。它是怎么做到的？

秘密就在它的试衣间里。进入这家店铺，你只要仔细观察就会发现它其实和别的店铺有一些差别：别的店铺最多有两个试衣间，但诗雅的试衣间竟然多达6个，而且每个都非常宽敞，加起来占据了整个店面将近50%的空间。进入这些试衣间，你会发现店主真的很用心，不仅在里面的四面墙上都安装了显瘦的穿衣镜，而且还设置了高矮不等的挂衣钩、舒适的软沙发、桌子、毛茸茸的动物形状拖鞋、湿纸巾，甚至在桌子的一个角落，你还能发现一包卫生棉。在门的背后写着这样一句话："亲爱的顾客，请您放心，这是一间绝对私密的空间，您可以放心试穿，如有什么需求，请按门后的按铃，我们的服务人员马上就到。"这是一间绝对高级的试衣间，它的这些"装备"看似不起眼，却很快征服了前来试穿衣服的女性。

所以，当别人问到这家店的店主是如何保持那么高的营业额时，店主笑了笑说："我的秘密武器就是试衣间。"

我们常说"用心，才有座位"，现在通过这家内衣店的试衣间，你了解什么是用心了吧？给顾客一个体验区，不仅仅是要让顾客有体验产品的地方，而且要通过顾客的体验，增加他们购买的欲望，从而提高店铺的气场。

加强体验服务

我们曾经都有过类似的经验：当我们进入一家店铺选购商品的时候，一般服务人员会把我们想要购买的商品递给我们，让我们自己去试用，然后转身去招待其他的顾客。对于这样的行为，我们并没有觉得有什么不对。不过，没有觉得不对，并不意味着没有改进的空间。具体该如何改进，我们先来看一个情景范例：

情景范例 **天哪，真是太完美了**

莉莉想要购买一部数码相机，同事都劝她直接网购算了，但莉莉还是有点不放心，决定利用周末的时间去一家大型的数码专卖店看看。进入这家数码专卖店，远远就看到一个角落写着三个大字“体验区”，莉莉毫不犹豫地走了过去。

刚坐下不久，服务人员就拿来了产品的目录，供莉莉翻阅，并且就坐在莉莉的边上，时不时地为她讲解。此时，另外一个服务员用托盘端来了爆米花、瓜子、饮料等，放在桌子上，亲切地对莉莉说：“美女，今天是周末，您有足够的时间来慢慢挑选，在您挑选的同时，要给自己补充能量哦。”望着服务员甜美的微笑，莉莉的内心一暖。如果不仔细想一下，莉莉还以为自己是在餐厅吃饭呢。

选好产品之后，服务员很快拿来了样机供莉莉试用，此时，那个端来小吃的服务员又一变身，成了专业的模特，供莉莉调试相机拍摄。

这一切，都表现得相当完美，让莉莉震撼不已。显然，一般的店铺是很难做到这样的，尽管这个店铺的商品价格偏高，莉莉还是毫不犹豫地选择出手。

这不仅仅是一个商品时代，更是一个服务时代。提高服务质量，不能把眼光局限在售后服务上，售前的体验服务同样是服务的方向、重点。

现在，你是不是很想试一试呢？别着急，根据自己的店铺做一个合理的规划吧。现在，请好好地思考一番，把规划的内容写在下面的空格中：

____

____

____

征求体验感觉

征求顾客的意见是店铺营销者经常做的一件事情。很显然，你知道其中的好处：了解顾客的想法，改进店铺的商品、服务等。那么你是否想过在顾客体验的时候，也征求一下对方的意见，看看自己店铺提供给顾客的体验服务是不是也有改进的地方呢？

相信很多店铺并没有这样做，如果你现在开始做，绝对是个领军式的人物。最重要的是，它可以帮助你提高店铺的气场，而且还是很大程度的提高。

征求顾客体验的感觉方法很简单，主要有三种：

第一，看

顾客在体验完了之后，有什么样的表现？是开心、不开心，满意、不满意？你都可以看出来。

第二，问

可以直截了当地问对方："请问您对我们的体验服务有什么意见和建议吗？""如果您觉得有什么地方做得不够好，您可以直接告诉我，好吗？"一般来说，顾客都不会拒绝回答这样的问题，前提是：你必须问得有诚心。

第三，写

这是最简单的一个办法，让顾客把自己的意见和建议写下来，这个时候，你只要在体验区准备一个"体验留言本"就可以了。在顾客体验之后，鼓励顾客把自己的想法和意见写上去。当然，在顾客写完了这些之后，你要进行回复，并且切实解决问题，以便让后来的顾客"检查"你的"作业"。当然了，那些回头客也会时常回来"检查"的哟。

第三节 加强体验功能五步走

在前面一个部分，我们从乔布斯身上获得了启示：要想提高实体店铺的竞争力、赢得更大的气场，可以通过提高体验功能入手，而且已经有了一定的方向。那么具体该如何去做呢？我们可以从五个部分入手，分别是观、触、闻、尝、试。下面我们一一来介绍：

观——抓眼球

观，就是通过眼睛的观察来提高店铺的体验功能。那么，通过眼睛的观察怎么就能提高店铺的体验功能呢？再者说了，网店的购物不就是通过看来实现选购的吗？

其实你应该明白，网店的"看"和我们现在所说的"通过眼睛的观察"并不完全一样。网店，只是看到实物的照片，对于这个实物具体有什么样的色彩、质感，使用起来有什么样的效果，等等，并不容易看清楚。那么实体店铺在这方面就应该加强。

情景范例　**我的橱窗缤纷起来了**

大学毕业之后，李小姐在家人的帮助下在宜昌夷陵区开了一家时尚婚纱店，取名“花好月圆”。尽管开业的时间定在了4月底5月初这个结婚的高峰期，但店铺的生意并不是很好。原因在什么地方?

经过一番考察，李小姐找到了问题的症结：她的婚纱店不显眼，给路人的视觉冲击力不够。如果你匆匆走过，根本不知道这里有个婚纱店。这意味着李小姐婚纱店的气场值基本上等于零。

要想改变其实并不难。

第二天，李小姐就带领着店员开始改变。首先，李小姐从模特店购买了一些婚纱专用的塑料模特，然后挑选了一些比较高档的婚纱，把它们穿在模特身上。接下来，李小姐好好整理了一下自己的店铺橱窗，把这些穿着婚纱的模特全部摆放在里面，并且在颜色方面进行搭配。最后，为了提高视觉冲击力，李小姐还为橱窗专配了暖暖的灯光、璀璨的珠帘……使得这些婚纱看起来更加靓丽动人。

第二天，走过李小姐店铺的人都禁不住停下脚步，观看这场美丽的“婚纱橱窗秀”，甚至还有人惊叹：“这里什么时候开了一家这么漂亮的婚纱店?哪天一定要过来看看。”

看到这一切，李小姐的脸上露出了满意的笑容。

婚纱还是那些婚纱，店铺还是那个店铺。李小姐所做的只不过是改变一下自己的店铺橱窗，上演了一场美丽的橱窗秀，满足了顾客“观”的需求，气场就得到很大的提升。尽管路过的很多潜在顾客并没有进来体验，但是他们眼前所看到的这一切就等于体验到了。如果时间允许或者他们真的有这方面的需求，就会选择进店消费。

触——求手感

触，就是触摸。一件商品到底好不好，可以通过触摸来感觉。比如说服装的面料、产品使用的手感、重量、厚度、防滑度等，这些都可以用手来感觉。而对于网购来说，这样的要求是无法得到满足的。

那么，抓住手感是否也能提升实体店铺的体验功能呢?这一点是非常肯定的。

情景范例　面料、面料，还是面料

在很多网店，店家都会告诉你："这些衣服都是纯棉的，穿着很舒服。"而当我们真正接触货物的时候，你会发现，尽管这些衣服标签上面标着"100%纯棉"，实际上并不是如此。

在吃过很多次亏之后，开纯棉服装实体店面的王女士决定利用这一点来提升店铺的气场，让顾客了解什么样的面料是真正纯棉的，什么样的不是，从而让顾客买得放心、穿得舒心。为此，她专门找来很多种面料，把它们剪成一条一条的挂在自己的店铺内，上面标明了它的成分，而纯棉的则剪成最大，让顾客摸起来有充分的手感。

很快，这种做法的效果就显现了出来。很多顾客在进行了触摸分辨之后，毫不犹豫地买下了王女士店铺的纯棉服装。

商品面料、触感到底好不好，店铺经营者自己说了不算，关键还是要顾客自己去触摸，自己去感觉，然后做出判断。这也是一种体验。作为店铺经营者，你或许想在这个方面努力一把，而且你的店铺也适合通过"触感"来判断质量，那么就不妨大胆去做吧。

闻——牵鼻子

通过"闻"来提升店铺的体验功能，主要适用于餐饮、香水等店铺。很简单，如果你的商品能够征服顾客的鼻子，也就等于你牵了牛鼻子，顾客就会乖乖地掏钱购买。同样，这一点在网店上也是无法实现的。

有句话说得好，"酒香不怕巷子深"，意思就是说，好酒，气味非常芬芳，即便再深的巷子，也能飘出去。不过这句话对于当今的店铺市场并不适用，为什么？竞争太激烈。你的酒香，别人的菜也很香，凭什么顾客就到你的店铺来消费呢？所以，提高"闻"的体验功能，迫在眉睫。

尝——征服嘴

食物好吃不好吃，谁说了算？当然不是作为店铺经营者的你，也不是你的店员，而是顾客的嘴。换句话说，如果你的食物能够征服顾客的嘴，就等于征服了顾客。也正因为如此，很多店铺推出了"试吃"的活动，而且现在这些活动已经"蔓延"到了超市、街头、商场等地方，试吃的对象也从"新产品"到"改进产品"，也包括一些干果、包装食品等。

情景范例　　街头试吃

某餐饮店铺前段时间生意不是很好，最近刚换了新菜单，至于这些新菜单是不是能被顾客所接受，作为老板的马先生心里并没有多大的把握。如何进行摸底，并同时招来新老顾客的惠顾，这是摆在马先生面前的一道难题。

“要不我们推出‘街头试吃’的活动吧！”员工小李的一句话点醒了马先生。很快，这个推广方案得到实施。一些食品被分成小份，进行了真空包装，然后上面写上店铺的名称、地址、菜名等，分发给大街上走过的人群。参加这项活动的店员还告知顾客：如果想试吃更多的菜式，可以去店铺的大厅，那里专门有试吃区域。

反响非常强烈，很快，店铺的新菜单获得了顾客的接受，店铺的生意开始好转。马老板的脸上露出了久违的笑容。

曾经有一句被很多人奉为经典的话：要想征服一个男人，先要征服他的胃。这句话不仅仅适用在恋爱上，同样也适用在店铺的经营上。你征服了顾客的嘴和胃，难道还怕征服不了他的人吗？

》试——打动心

这里的“试”主要是指“试用”“试穿”等。比如购买汽车之前的“试驾”、购买电子产品时的“体验”等，都属于“试”的内容。

那么在这一个部分要做到什么样的标准呢？很简单：打动顾客的心。

要想打动顾客的心，你需要做很多的功课，比如从顾客的对话当中了解他的喜好，从他的表情上你要知道他“试用”之后的感觉，从细节入手、关注他真实的内心需求，等等。此时的你，就应该像一个顾客内心的侦探，时刻掌握它的动向。

第四节　实体、网店双管齐下

网络购物是一个不可逆转的潮流，作为店铺经营者，你必须意识到这一点。要想提高实体店铺的气场，除了做好以上我们所讲到的工作之外，还有一个工作可以去做，那就是将实体店铺和网店经营相结合，走“1+1 ＞ 2”的经营之路。

没错，实体、网店相结合，双管齐下，现在的很多店铺走的就是这种经营路线。包括国内外一些品牌，都是如此。面对潮流，如果我们无法去改变，那么就唯有去适应，才不会被淘汰。

开网店，并且是和实体店铺相结合，并没有想象中的那么简单。在具体经营的过程当中，有一些细节方面的问题你一定要注意。现在我们就来探讨一下这个问题。

》商品定价

如何定价？这是摆在你面前的第一个问题。网店成本低，即便加上邮寄费用，也可能比实体店铺商品的价格低。那么现在就有两种可能性出现：

第一，网店商品的价格按照实体店铺的价格来标示。这样一来，就意味着网店商品的利润空间比较大，但是和同行相比较，竞争力就会下降。

第二，网店有网店的价格，实体店铺有实体店铺的价格。这就意味着同样一件商品，网店和实体店铺之间价格是不一样的。

那么到底该如何定价？这就得根据自己店铺的实际情况来具体选择了。在此我还是建议你选择第二种，尽管这样做难度比较大，也比较麻烦，但无论是网店，还是实体店铺，和同行的竞争力都还是存在的。

》更新同步

所谓更新同步是指如果实体店铺重新进了一批货物，比如说不同的品牌、不同的厂家、不同的款式等，那么网店的商品目录该如何更新、在什么时候更新？

毕竟，在你进货、更新商品目录的这段时间，也还是有消费者通过你的网店来购买商品的。那么如何才不会让顾客的选择落空？这就是你需要考虑的问题。

当然，在顾客下单的时候，你可以通过告知对方“××商品没货”的信息，你也可以让对方“稍后再挑选”。不过你应考虑这样一个问题：当你拒绝顾客的时候，是不是也给竞争对手留下了机会呢？

》相互宣传

当你把网店和实体店铺一起做起来的时候，就应该考虑如何宣传的问题了。宣传，是决定店铺是否有气场的一个重要因素。

或许你会考虑这样一个问题：我是通过网店来宣传实体店铺呢，还是通过实体店铺来宣传网店呢？

当然是相互宣传。在你的实体店铺里印发一些名片，把自己网店的地址、联系方式印成名片，分发给过往的顾客，鼓励顾客去网店购物。

而在你的网店上，你也可以告诉顾客：本网店有相对应的实体店铺，具体在什么地方，欢迎大家来体验购物。

一切都浑然天成，没有谁为主、谁为次的问题。这样一来，两个店铺的气场都能获得提高，店铺成为旺铺的可能性也就获得提高。

3 第三章

网店该如何提升气场?

既然你决定实体店铺和网店相结合，走双管齐下的道路，那么就应该考虑另一个问题：如何提高网络店铺的气场？网店也是一个店铺，同样有气场的需求。其气场的高低，也直接决定商品的成交量和利润率等。

第一节 网店优势在何方?

想知道网店和实体店铺相比到底有哪些优势?现在我们就来看一下:

对于店主来说

网络店铺具体的优势在以下几个方面:

◎ 方便快捷

这一点是最为明显的:与开实体店铺相比,开网络店铺不需要装修采购等必须要经过的过程,只要打开电脑、点点鼠标、敲打键盘就可以开个网店。相比较而言,开网店更加方面、更加快捷。

◎ 投资相对小

开一个实体店铺,不仅要选择店面,支付租金,进货要支付货款,还有装修、雇用员工等一系列的支出。而开网店,则一般都是免费开店,而且不需要事先进货,也不用为支付租金而发愁,更不用花钱来装修店面,所以,从资金方面来说,相对较小,对于店主来说,这是一个非常大的优势。

◎ 不会造成大批量压货

你可以没有实体店铺,而仅仅开一个网络店铺。因为一般网店都是和供货商联系的,只有当顾客下单的时候,才直接从供货商那里发货,这样一来,压货的风险就很小了。

◎ 打理方便

开一个网络店铺,不需要请店员看店然后还要跑老远上货,摆放货架,一切都是在网上进行,看到你的货品下架只需要点击一下鼠标就可以重新上货。这样,就不用花过多的时间来打理。

◎ 形式多样

无论卖什么都可以找到合适的形式,你如果有比较大的资金可以选择通用的网店程序进行搭建,也可以选择比较好的网店服务提供商进行注册然后交易。

◎ 精准面对"准顾客"

开一个实体店铺,什么样的人都可以进来看看,所以一般来说,进店率可能会很高,但交易率可能就不高。但是开一个网络店铺的话,只有有这方面需求、知道如何交易的人才会进来，加上网络商品价格很低，所以成交率很高。所以，网店能够精准地面对“准顾客”。

综上可以看出，网上购物突破了传统商务的障碍，无论对消费者、企业还是市场都有着巨大的吸引力和影响力，在新经济时期无疑是达到“多赢”效果的理想模式。

对于顾客来说

网店，不仅仅对店主来说有很大的优势，对于顾客来说同样如此。如果你对此还没有深刻的体会，不妨现在就把自己当成一个网购者，模拟进行一次网购，看看是不是具备以下几种优势：

◎ 逛街不受时间限制

没时间逛街，是很多上班族最头疼的问题，尽管有周末休息时间，但他们更愿意在家睡大觉，补充体力。如何做到既能购物又不出门呢？网店给了他们这样的机会。他们可以在家“逛商店”，订货不受时间、地点的限制。甚至在晚上、凌晨，都可以下单。

◎ 商品货物齐全

网店和普通的实体店铺不一样，它针对的是全国乃至全球的顾客，所以从网上购物，顾客能获得大量的商品信息，可以买到当地没有的商品，甚至也可以从国外邮购。

◎ 省时省力

从订货、买货到货物上门无须亲临现场，既省时又省力。顾客只要下单、付款，中间的一些环节就由其他人来完成，这对于购物本身来说，是一件省时省力的事情。

◎ 价格便宜

由于网上商品省去租店面、招雇员及储存保管等一系列费用，总的来说其价格较一般商场的同类商品更便宜。

说到底，不管对于店主，还是对于顾客，网店的存在都具备一定的优势。现在，你已经系统地了解了网店的优势，那么是否也想好该如何利用这些优势来提升店铺的气场了呢？

不要紧，你可以慢慢思考，然后把思考的结果写在下面的空格之中：

____

____

第二节　提升网店人气，有招

开网店和实体店铺一样，没有人气，即便再有优势也无法获得利润。人气，同样是利润的一种保障。如果你曾经开过网店，或者和开网店的朋友聊过天，你可能会有这样一个明显的感触：开网店对于人气、气场的需求一点儿也不比实体店铺来得少。如何提升网店的气场，同样是一个非常急迫的事情。

那么面对这个问题，该如何解决呢？现在，我们一起来分析：

》选店址店名

如果你要开一个实体店铺，除了要考虑“我卖什么”的问题之外，还要考虑“我在哪里卖”“取什么样的店名”的问题。那么是不是开了网店之后，就不需要考虑这样的问题了呢？很显然不是，开网店，你同样要考虑店址、店名。这两个因素同样影响着店铺的气场、效益。

所谓店址，就是一个电子商务平台的地址。要想提高网店的气场，最好选择一个比较有知名度的电子商务网站。这就像开实体店铺选择一个比较有名的商圈是一样的道理。曾经在北京商圈看到一个这样的广告：选择 ×× 商圈，就是选择成功。

尽管这个广告有一些夸张，但商圈选择得好还是坏，确实和店铺的经营情况有关系。那么对于网店来说，哪些电子商务平台是比较好的呢？比如说我们常用的淘宝、拍拍、阿里巴巴等。

说到网店的店名，千万不要只把它当成“几个识别符”那么简单，店名取得好不好、中不中听、能不能和店铺的产品相关联、好不好记都和店铺的销售有很大的关系。下面我们就来看一个情景范例，以便让你见识到店名的重要性：

情景范例　我就是想要那种感觉

在一个电子商务平台上，有一个专门卖裙子的店主，给自己的店铺取了一个非常好的店名：裙角飞扬。

这个网店自从开业以后，生意就一直非常红火。当然，这和店主的经营是分不开的，但我们也应该意识到一点：店主给这个店铺取的名字相当不错，说实在的，很多买家就是奔着这个名字去的。

为什么这么说呢？因为这个店家曾经和很多买家交流过，问他们是如何得知自己的店铺，为什么店铺上卖裙子的店家那么多，最终选择在自己的店铺下单，将近60%的买家给出了答案："店铺的名称别具一格，特有"感觉"，确实有钱就能买到裙子，但我就是想要那种感觉……"

听到这样的回答，你还觉得店名仅仅只是一个"识别符"吗？如果你以前是这么想的，不要紧，从今天开始，把这件事情重视起来，或者给自己的店铺重新换一个名字。当然，一个店名到底合适不合适，自己说了不算，你可以找几个好的买家聊聊，或者让你的朋友帮你参考参考，人多力量大。不管你开的什么店铺，总有一个好的店名适合你的。

专业化经营

因为开网店不涉及囤货、物流等因素的影响，一些店家在网店的经营上很容易犯"泛而大"的毛病。

什么叫"泛而大"的毛病？说到底，就是"什么都卖，什么都卖不好"，这样的店铺常常被人称为"网上杂货铺"。对于这样的店铺，有两方面的意见：

第一，认为这样的店铺货物齐全，什么样的商品都能买到，更能吸引顾客。

第二，这样的店面全而不精，很难给顾客提供高质量的产品，所以更加不吸引顾客，还不如"专业化"经营，反而人气更旺。

那么这两个方面到底谁是正确的呢？先来看一个情景范例：

情景范例　乱糟糟的，一点都不好

上班族小A在工作之余，想起自己还没有秋装，便想趁着休息的时间，去淘宝上淘一件。在网站内进行搜索的时候，很快一长溜的店铺名称就列了出来，她选择了一家广告上称"你想要的衣服都能在我这里找到"的店铺。

确实，这家店铺产品非常多，估计足足有1000件，里面的服装真可谓应有尽有，不管是大人的，还是小孩的，也不管是女士的，还是男士的，总之，你能想到的，这家店铺里面都有。

不过小A可没有多少时间在里面闲逛，她仅仅看了一眼，就嘟嘟囔囔地退了出来："乱糟糟的，一点都不好，你以为别人都和你一样有时间慢慢搜索啊，这是快餐时代，一切都讲究快速、效率。"

其实很多人都和小A一样，根本没有那么多时间去搜罗“宝贝”，也正因为如此，这家店铺虽然商品齐全，但成交率却很低。

在网上购物和在实体店铺购物不太一样。在实体店铺，我们有足够的时间在一个店铺里面进行搜罗，尽可能地找到自己想要的物品，但是在网店，很多人和范例中的小A一样，往往只是在休息时花一点时间来选择商品。他们需要的是什么？是效率。是快速找到商品、快速下单，最好第二天就能收到。

从这个角度来看，网店的商品并不是越多越好。要想提高店铺的人气，应该进行专业化经营。这样一来，商品不多，可以突出重点商品，不杂乱无章、让人眼花缭乱，更方便买家找到具有切入点的商品，有利于慢慢培养你的精品商品。

另外还有一点，每个网店的橱窗推荐位并不多，而商品为买家所发现，橱窗推荐是关键，其他非推荐商品，在淘宝商品的汪洋大海里，基本无作用。所以，要想提升网络店铺的气场，不要和他人“拼数量”，而应该“拼质量”，即商品要适销、图片要精美、价格要适宜，让人觉得物超所值。

》网络推广

提升网店的气场，网络推广不得不提。这和实体店铺做广告推广是一样的道理。那么在网络店铺的经营当中，哪些推广的方法是常用的呢？总的来说，有以下几种。现在，我们就来一一阐述：

◎ 搜索引擎推广，比如在Google、Yahoo、MSN、百度一搜、3721、搜狐、网易、中华网、21世纪中搜。当然，事先你得和这些搜索引擎进行相应的合作；

◎ 将网店提交到专业的网店导航；

◎ 将网店登录到行业站点和专业目录；

◎ 链接交换，简单点说，就是文字链接和图片链接以及首页醒目位置的交换，这样也可以提高网店的关注度、气场；

◎ 论坛灌水，在论坛或者留言板上发布自己的信息；

◎ 网络广告：比如说广告弹出、广告交换，甚至还有很多人通过E-mail的方式介绍自己的店铺；

◎ QQ广告，在QQ上做广告或者个人签名放上自己网店的信息；

◎ MSN广告，设置和网店有关的个性签名；

◎ 利用QQ群发信息，利用群发软件发布网店信息；

◎ 文章宣传，在文章中提到网店或者以网络营销成功案例的形式介绍；

◎ 签名广告，发布文章，论坛发帖后面直接签上自己的网址，或者用超链接签上自己网店的名称和关键词；

◎ 名片宣传，即把自己的网店地址印刷在自己的名片上，并且进行街发，以此来提高销售量。

总之，网络推广的方式有很多很多，目的很明确：推广自己的网店。所以，任何不违法、能够达到目的的方法都可以使用，你没有必要守着上面的这些方法。

现在，你可以先暂停往下阅读，好好地思考一下，是不是还有更好的方法呢？然后把你的想法写在下面的空格中：

____

____

____

第三节 从细节入手，赶走气场魔鬼

或许你也曾经说过类似的话：一次近乎完美的购物，购买的不仅仅是高质量的商品，而且还有美妙的感觉。那么我现在要反问你一个问题：美妙的感觉从何而生？

这个问题，你可能没有考虑过，或者没有系统地考虑过。不要紧，现在我来告诉你：美妙的感觉来自近乎完美的细节。无论是实体店铺，还是网络店铺，唯有把细节做到位，顾客购物的体验才会好，店铺的气场才能提高。尤其对于“远程交易”的网络店铺来说，更是如此。

从细节入手，赶走气场魔鬼，这就是你现在要做的事情。理论明白了，接下来就要真刀真枪地干了。那么需要做哪些事情呢？下面的几点或许是应该做的：

商品篇

◎ 在商品上架之前，要对商品进行一定的描述，做到一目了然、完整而且具体。例如服装网店，你要描述服装的尺码、颜色、款式、洗熨说明等。当然，这样的描述应该有自己的特色，不能和别人的一模一样，毕竟很多的买家买东西都是先选好几家的，如果他们发现你和他们的一样，他们会有一种质疑。这样做更是缺少了你店铺的独特之处，从而不会吸引买家再到你的店铺来。对于自己的店铺来说，气场就会受到影响。

◎ 在处理商品图片的时候，要做到清晰明朗，特别是在处理一些局部、色差等方面，更应该做到细致。

◎ 寻找合适的货源也很重要，所以你要耐心地去找网店货源。找货源的方法很多，一般是去网店代理货源网，比如在搜索引擎里搜索你想找的货源名称。

◎ 给商品设置价格的时候，不能过高，当然也不能太低，最好先搜索一下其他代理商的价格定位，然后以他们的价格作参考，制定出适当的价格。

◎ 设置搜索关键词，这样做是为了让买家更加容易搜索到你的店铺和商品，从而提高交易率，让店铺的气场得到提升。

服务篇

◎ 尽管很多人都知道想提升店铺的气场要做到诚实经营，可是在具体的经营过程中，还是有很多卖家为了尽快将顾客的钱装进自己的口袋，在交谈的过程中不实事求是，而是违心夸耀、信口开河。

◎ 在发货的时候，要细心地询问买家填写的地址或者电话是否有效。虽然顾客写错自己信息的概率很低，但是一旦发生会导致不必要的麻烦。

◎ 在物品包装的时候，一定要查看是否完好、漂亮。很少人注意过包装的问题，但是你应该知道，当顾客拿到货物后给他的第一印象就是包装，看到瑕疵包装顾客能开心吗?

◎ 当买家确认收货的时候，你是否认为一单生意就做完了？其实正确的做法是进行网络、电话的回访，进而征求客户的一些宝贵意见。通常这样的店铺口碑都很好。

◎ 为避免发货错误和可能存在隐患，要仔细询问顾客的收货地址 / 人名及电话有没有更换，如果有，要及时修改。

◎ 对所有的顾客都应该“一视同仁”，不因顾客购买数额的多少或顾客没用支付宝而“厚此薄彼”，另眼相待。

◎ 不要觉得小问题就不是问题，更不要抱着顾客也许看不出来的想法而以次充好、以此代彼。

◎ 如果你是卖服装的，应该在发货前为顾客剪去线头并熨烫整齐。

◎ 对于自动拍下并付款的顾客你应该先联系说明 (确认拍卖物品 / 确认发货地址 / 说明到货时间等) 再行发货。

◎ 为避免顾客抱怨，应该做到不拖延时间、迅速发货。

◎ 在可能的情况下想到为顾客额外送上一份小礼物，给顾客多一份惊喜和快乐。

◎ 当完全系顾客选择判断有误而顾客却向你提出质疑和表达不满情绪时，你应该用豁达和理解的态度先承认是自己工作失误造成顾客的遗憾。

◎ 在重要的节假日里，要记得给顾客送去真诚的祝福和问候。

◎ 在你空闲的时候，应该把顾客当成朋友，去耐心倾听顾客的家长里短、抱怨叹息。

◎ 在顾客累计购物达到 VIP 会员标准而其本人不知情的情况下，主动为其打折优惠。

◎ 站在顾客角度，以顾客的消费需求为原则诚心诚意为其推荐介绍。

◎ 为避免发货错误和今后可能的纠纷隐患，成交后应该做到再次确认买家所购货物的有关信息，比如名称、款式、大小、件数、颜色等。

交易篇

◎ 当你同时和看客、买客聊天的时候，不应该厚此薄彼。要知道，看客很可能有一天会变成你的大客户。

◎ 谈话技巧：与顾客交谈应该做到了不卑不亢、自然大方、面带笑容——当然面带微笑是用表情表达出来的。

◎ 不为尽快成交而违心夸耀、信口承诺，甚至避开瑕疵强拉强卖、死缠烂打。

◎ 以肯定的语气和坚定的信心对顾客承诺和保障自己的货品“包退包换”。

◎ 要有“丑话说在前头”的勇气并承受交易可能流失的风险，事先告知有的顾客因派送地偏远、无站点，需顾客上门收货的事实。

◎ 为避免日后纠纷，要记得提醒买家，当着快递员面先检查再签收或打印收货说明贴于包裹件上。

◎ 你不应该漏掉一个顾客留言 (包括宝贝留言 / 店铺留言) 且应认真耐心地回复解答。

◎ 为不让顾客认为你服务不周或态度怠慢，应该在暂时离开电脑时注意使用“自动回复”功能。

◎ 应该接受顾客对你的为人、货品或经营方面的批评建议并虚心改进，而不是嗤之以鼻甚或恼羞成怒。

宣传篇

◎ 店铺里最显眼的地方要放上自己的联系方式，如QQ、邮箱、手机、发货的方式、银行账号等，以便与顾客沟通。

◎ 多写些文章在你的空间、微博、微信里，放置些与你商品相关的关键词，比如，教买家如何购物、买家在买卖商品时遇到问题时该怎么办等，从而吸引买家到你的店里来。

◎ 多交些QQ网友，但不要向你的QQ网友推荐商品，你只要在空间签名档将店铺名称和店址写上就行了，最好定期到别人的空间里去浏览、留言。

◎ 多去其他论坛帮助别人，签名档里写上自己的店铺名称和店址。

◎ 多加些QQ群，多发言和帮助他人。

◎ 做好你的老买家的工作，他们也是很重要的免费广告宣传方式，不要交易结束后就不理他们了，定期问候可以把关系混熟，他身边的人也成了宣传的对象，这样你的店铺气场就能获得提高。

怎么样，现在是不是感觉有点受益匪浅呢？你不妨把这一部分给折起来，慢慢学习、慢慢消化。

第四节 最该关注的就是信誉

尽管网络店铺已经普及，特别是年轻人已经开始选择这种方式来购物，但你也不能忽视，还有一小部分的人拒绝使用这种方式购物，尤其是购买比较贵重的物品如手机、电脑、金银首饰、各种门票时，那么请问，你知道他们为什么要拒绝网购吗？

我想你已经猜到了。对，就是出于安全考虑。他们不信任网店的店主、不信任网购。如果你的潜在顾客当中只有一两个人有这样的情绪，还可以理解，你的店铺也不会受到很大的影响。可是如果这个数字很庞大，甚至十之八九的人都对你的店铺、人品没有信心，那么店铺气场又该如何提升呢？

信誉，是提升店铺气场一个非常重要的因素。没有信誉，就没有气场，就等于没有效益、利润。可能现在的你也被这个问题所困扰，而想找到合适的方法来解决。不要紧，我们一起来寻找。

确保交易的正确性

网络购物和实体店铺的购物并不一样，没有当场试穿、试用等体验机会，买家对商品的要求完全是自己和卖家在网上沟通进行的。很显然，这种非直接沟通很容易出现一些误会，特别是当网络不稳定或者沟通一方有事情耽搁的时候，更是容易出现交易差错。要知道，这也是导致店铺信誉下降的主要原因。

情景范例 多按了一个“0”

秦方是某学校的老师，受学校的委托，组织秋季夏令营的活动。既然举行秋季夏令营的活动，就需要购买一批统一的服装、帽子。为了节省资金，秦方利用空闲时间，在淘宝上选择合适的卖家。

经过千挑万选之后，秦方选择了其中一个王姓卖家，在交流的时候，秦方把自己的情况告诉了对方，自己要10套纯色衣服，还要10顶红色的帽子。对方答应只要超过5套衣服，就可以免去邮寄费用，而且给予一定的优惠。

秦方觉得这个店家不错，最终决定下单。可是事情没有秦方想象中的那么简单：原本只要10套衣服的他，最后不得不面对100套衣服帽子的付款。这到底是怎么回事？

尽管卖家一直在解释，是秦方自己在下单时误点了100，但秦方却觉得自己和对方聊天的时候一直说的是10套，所以要求退货。卖家则认为自己没有责任，拒绝退货。由此双方僵持在一起，谁也不肯相让。

很显然，作为买家的秦方，自然认为这家店铺的店主没有信誉可言，便把它的店址贴在论坛上，提醒别的买家不要进这家店消费。这样一来，这家网店的销售就受到了严重的影响。

对于这起纠纷，我们暂且不管是什么原因引起的，但有一点是肯定的：在最后交易的时候，卖家没有确认交易的正确性，特别是当订单和聊天内容不符的时候，他也没有确认，而是单单以订单为准。虽然这样做从法律层面来说并没有错，但对店铺的气场却是有很大的负面影响的。

切勿急功近利

开店就是为了挣钱，这是毫无疑问的，不过这并不是告诉你为了挣钱什么样的事情你都可以做。相反，为了能够挣钱，而且是长期的挣钱，你应该做到一点：讲究信誉，严把质量关、服务关。否则，你再怎么想挣钱，都只能是一种奢望。你可以伤害顾客一次，但顾客绝对不愿意第二次选择你。

情景范例 **刚买的手机竟然存有电话号码**

乔宁在某网店看中了一款手机，无论是价格还是服务，都还算可以。此时正需要一款手机的乔宁没有多想，就下了订单。5天之后，手机通过快递公司到了乔宁的手中。正准备享受新手机的乔宁在打开手机之后却发现了一件让他备感郁闷的事情：新买的手机上面竟然存有电话号码，并且还能打通。

很显然，这是一部别人用过的手机，而不是卖家宣称的全新机。乔宁随即把这个情况反映给了网店管理机构。管理机构在经过调查之后，给了乔宁一个答复：这家店铺最近因为手机销售火爆，一时间货物供应不上，所以，就把一些人的退货当成了新机重新销售。

毫无疑问，这家网店因为急功近利地想要赚钱，最终却面临着被封号的结局。

做好沟通、解释

网店在经营的过程当中，因为牵扯到供货商、快递等环节的因素，所以经常会发生一些交易无法完成或者交易错误的情况。遇到这种事情，如果你没有和买家好好沟通、解释，也很容易影响店铺的信誉。

在店铺的经营过程中，这种情况也不时出现。如果没有很好地沟通和解释，店铺的气场就会受到损害。

情景范例 **迟到的生日礼物**

晓刚的女友还有一个星期就要过生日了，他知道女友最想要一个纯银的项坠。考虑到银饰并不是特别贵重，所以他顺手就从一个网店上购买了一款。在和店家交流的时候，晓刚问对方估计要几天才能到货，店家告诉他：两天就可以。晓刚放心地购买了。

可是一个星期过去了，晓刚一直没有收到货，直到女友生日那天，晓刚依然两手空空。这让他很生气，无奈之下，只得到附近的银饰店重新购买一款应急。女友的生日已经过去一个星期了，晓刚订购的那款银饰项坠才到货。

晓刚气急败坏，选择了退货，而且毫不犹豫地给了店家一个“差评”。

其实店家在这件事情也很冤枉，并不是自己推迟发货，而是物流的工作没有做到位。现在，他只恨自己当初没有和晓刚好好解释，否则，那个“差评”就不会落到自己身上了。

顾客衡量一个店铺是不是有足够的信誉，凭借的就是两点：是不是货真价实，是不是能准时到货。关于价格，一般都是事先讲好的。不过，店家在这两个方面并不是能够全程控制的，特别是在物流环节，更是无法掌控。延迟、丢失的情况时有发生。遇到这种情况，你可能觉得自己很冤枉，但要明白，顾客更冤枉。你除了祈祷对方不给你“差评”之外，还应该做好相应的沟通和解释，让顾客明白怎么回事、你准备如何解决等。

》信誉不等于几颗星或店铺的级别

现在很多电子商务平台为了衡量一个店铺是否具备信誉，采用了“评价”“级别”“星级”的方法，这样一来，买家就能非常容易地通过这些手段来判断这个店主是不是具备足够的信誉，自己是不是应该在这个店铺购物。

对于买家来说，有了这样的判断依据，下单的时候心里就有底了。而也正因为如此，很多店家为了提高自己的“级别”“好评”不择手段，采用了诸如“好评软件”“网络僵尸”“水军”等方法来达到自己的目的。

很显然，这样得出来的结果和现实之间是有差距的，只能一时骗到一些买家。站在购物者的角度，我还是要提醒网络店铺的经营者：卖力经营，讲究诚信。不要把信誉等同于几颗星或店铺的级别，这是两码事。

情景范例　被封号的皇冠卖家

叶某，江苏人，大学毕业之后因为没有找到合适的工作，便在家开网店。他的这家淘宝店是2009年开的，平时由自己和女友打理。刚开始，他也非常注重自己的信誉，一直以来，卖家给出的回馈情况都很好。好容易做到两个皇冠，每个月平均赚三四千元。

可是，情况却在2011年有了改变。

2011年6月，淘宝网接到买家投诉说在他家店铺买到了假货，淘宝网经调查，立即对该店铺进行了处罚，并进行了扣分警告，责其在14天内对该店铺所售商品进行整改。遗憾的是，叶某并没有对淘宝的处罚加以重视，而是我行我素。在处罚期满后，又有买家投诉在他这里买到假货。淘宝网经过查实之后，于7月初正式封闭了该店铺。

原本有着良好信誉的皇冠卖家，因为不讲究信誉，最终落得一个封号的下场，何苦呢？

4 第四章

提高店铺的“存在感”

一个人要想具备一定的气场，必须满足一个前提：在别人的心目当中，他是有位置的。简单点说，唯有他先存在于别人的心目中，别人才能感受到他的气场；如果他被别人所忽略、忘记，气场自然也就无从谈起了。开店铺和做人是一样的道理，至少在提高气场方面是如此。一个店铺要想具备一定的气场，同样需要存在。存在，是气场的前提，是一种必要的条件。

可是如何提高店铺的“存在感”呢？相信你很想知道其中的答案，这正是本章要解决的问题。迫不及待了吧？现在我们就一起开始寻找答案吧。

第一节 “存在感”，是指向和认同

什么是存在？什么是存在感？

不要误会，我们不是在讨论哲学，而是在切实解决店铺气场不足的问题，我们之所以要搞清楚“存在”和“存在感”这两个概念，无非就是想从中找到可行的方法来具体执行。谈论哲学不是我们的目的，提升店铺的气场才是我们最终的追求。

无论是存在，还是存在感，都是可以被顾客感觉到的。不过要想提升店铺的气场，存在感显得更加重要。这是一种心理上的指向和认同。举个很简单的例子：在市面上有很多做汉堡和烤鸡的店铺，这是一种存在。可是每当人们想到吃汉堡和烤鸡的时候，首先想到的就是麦当劳或者肯德基，这就是一种存在感，一种心理上的指向和认同：麦当劳和肯德基在这两个方面是做得最好的。

毫无疑问，麦当劳和肯德基这两个店铺的气场是强大的，强大到足以掩盖同类店铺，让它们根本没有立足之地。

当然，这并不意味着其他的汉堡、烤鸡店铺就没有办法在顾客心里获得存在感了。事实上方法还有很多，现在，我就来为你支招，告诉你一些办法：

》剑走偏锋，做不一样的事

所谓剑走偏锋，做不一样的事情，简单点说就是分类化经营。即别人经营A类商品，那么我就经营B类商品，走别人没有走过的路、做别人没有做过的事情。这是一种“填补空白”的思维，比较适合在区域内经营。比如在小区里有超市、水站，那么你可以选择开一个理发店，或者小餐馆，填补周围此类店铺的空白。很显然，只要这个空白被你填补，你的店铺不太糟糕，那么店铺的存在，以及店铺在周围顾客心目中的存在感都是很容易具备的。

情景范例 “代理厨房”开业啦

身处2013年，去饭店吃饭不新鲜，饿肚子减肥的更不新鲜，尽管有这么多种选择，很多人还是每天都在发愁该吃什么、该怎么吃的问题。不吃肚子饿得慌，在外面吃不干净，在家里吃嫌麻烦。

在这种情况下，曾经在饭店当过大厨的王先生带着爱人开始在某小区经营“代理厨房”。所谓“代理厨房”就是顾客想吃什么菜，自己把菜买好之后，放在王先生这里，让王先生代为加工，然后支付一定的加工费。这样一来，顾客既能吃到放心、好吃的菜，又不至于太花钱。如果有人没时间买菜，王先生也可以代买，然后把菜做好送到他的餐桌上。

或许有很多人觉得这种做法和一般的饭馆没有什么不一样，其实不然。自从王先生的“代理厨房”开业之后，生意异常火爆，几乎每天都有上百份的菜等着他加工。

现在，我来问你这样一个问题：王先生的“代理厨房”为什么能够做到生意火爆？我想答案你已经想到了：他填补了“去饭店吃饭”和“在家自己做饭”之间的空白——自己买菜而让别人代为加工。试想，如果周围有人想到这个，首先记起来的是谁？必然是王先生以及他的“代理厨房”。

这就是存在以及存在感。

精细化发展，做更专业的事

或许你还记得这样一句话：人无我有、人有我精。这句话的意思你肯定懂，不过你可能没有意识到，这也是提高自己店铺存在感的一种方法：用精细化、专业化的方向把自己和同行区别开来。从宏观角度来说，这是店铺经营的一个方向，以后的店铺都有可能朝着这个角度发展。而从微观的角度来说，这是店铺提高“存在感”和气场的一条途径，而且还是效果非常明显的途径。

情景范例　有些专卖店其实不“专”

现在的大街小巷，能看到很多的“专卖店”，衣服、手机、电脑甚至是食品，应有尽有。不过，这些专卖店真的是“专卖”吗？很遗憾，它们做不到。什么是专？这里包含两个方面的意思：

第一，某种产品的专卖。比如手机专卖、鸭脖子专卖、某品牌西服专卖等。

第二，服务的专业。比如汽车“4S”店、专业的票务中心、某品牌的维修中心等，都有着专业的服务精神，能够给顾客提供别的店铺提供不了的服务。

“专”，带给顾客的不仅仅是能够满足他们需求的商品，而且还是满意的、独到的服务。

如果说以前的店铺都是扁平化经营的话（如百货商店，几乎日常生活中所需要的商品基本上都有），那么现在的店铺都应该向纵向发展，只负责某类商品的销售，比如婚宴礼服专卖、孕妇装专卖等。这是一个趋势，更是一个提高店铺存在感的方向。

仔细想想看，事实是不是如此呢？

向高手挑战，借势宣传

每个行业都有一些高手，作为一个新生的店铺，要想通过提高自己在顾客心目中的存在感来提升店铺的气场，有一个捷径可以选择：向高手挑战。只要你能打败高手，毫无疑问，你就是行业老大。

不过捷径往往都隐藏了巨大的风险，向高手挑战也是如此，如果你没有获得成功，很有可能会败得很惨，甚至一蹶不振。

情景范例　还记得曾经的荣华鸡吗？

成立于1991年12月28日的荣华鸡快餐公司，以其适合中国人习惯的口味和比肯德基更便宜的价格，受到了消费者的欢迎，刚成立的头两年，公司发展形势一片大好，北京、天津、深圳等24个省市地区纷纷向荣华鸡发出邀请，欢迎荣华鸡落户当地。新加坡、捷克等外商也要求荣华鸡飞出国门，让中华民族的烹饪文化在异国他乡开花结果。1994年，荣华鸡在北京开了第一家分店，并声称："肯德基开到哪儿，我就开到哪儿！"

荣华鸡扬起挑战"肯德基"的大旗，一时间门庭若市。北到黑龙江，南到江西，都有红底白字的"荣华鸡"的分店。在一些地段，荣华鸡生意超过了洋鸡，让中式快餐店实实地扬眉吐气了一番。可随着时间的推移，荣华鸡在与肯德基的较量中逐渐落了下风。到了2000年，随着荣华鸡快餐店从北京安定门撤出，其为期6年的闯荡京城生涯，画上了不太圆满的句号。

现在，我们暂且不管荣华鸡最终为什么没有竞争过肯德基，有一点是肯定的：在和肯德基这个"高手"过招的同时，它达到了宣传自己的目的，也趁机在人们的心目中确立了"存在感"。荣华鸡，可能是一个反面教材，如果从另外一个角度来看待，它也可以是一个成功的典范——至少在确立"存在感"这点上是如此。

向顾客借情绪，获得支持

在同类商品面前，顾客会选择哪一种？在平常的时候，可能会选择“质优”或者“价廉”的商品。不过，在顾客心中产生某种情绪的时候，情况就会发生改变。他们可能既不选择“质优”的，也不选择“价廉”的，而是选择“和情绪相符合”的商品，比如曾经闹得沸沸扬扬的“抵制日货，支持国产”的运用，就是一个典型。

当然，如果是一个新开的店铺，正好赶上这样的时机，你就可以使用这个方法，向顾客借情绪，获得他们的支持，从而确立自己在顾客心目当中的“存在感”，提升店铺的气场。

说了这么多，你可能已经明白店铺的存在感到底是什么了。是的，店铺的存在感，就是一种指向，一种认同。在众多的竞争对手当中，让顾客能够分辨出来，记得你、信任你。如果能做到这样，无论对你，还是你的店铺，都是一种莫大的荣幸、莫大的鼓舞。

第二节 认同感，给顾客他想要的

在前面的一节内容当中，你已经了解到店铺的存在感就是有一种认同的内涵存在，不过你可能还没有明白什么是认同，没关系，这就是我们这一节接下来要解决的问题。认同，是顾客对店铺的一种态度，也是店铺气场体现的一个方面。我们可以这样说，任何一个店铺，如果得不到顾客的认同，其气场就是有限的，这样的店铺也很难获得长远的发展。

那么到底什么是认同呢？简单点说，就是顾客认可你的店铺、认同你的做法、欣赏你的存在。有认可，才会产生认同感，才会想着靠近、参与这个店铺的销售活动。

参与的人越多，店铺的气场就越强。认同感，从一个方面决定了店铺的气场。对于店铺经营者的你来说，不仅仅需要知道什么是认同感，而且还要知道自己的店铺该如何才能获得顾客的认同感。经过一系列的调查研究，我觉得以下几个方面是比较关键的：

认同顾客

要想让顾客对店铺产生认同感，店铺首先得认同顾客。认同，是一种良好的心理反应，只不过很多人没有意识到一点：这种良好的心理反应是相互的。

认同顾客，就是理解顾客的所求，并尽力帮助顾客满足这种需求。举个很简单的例子：你去一个超市卖西瓜，因为西瓜挺重，你要求店员再给你套个袋子，有的店员会很爽快地这么做，而有的店员则会告诉你：放心，袋子不会破的，这是西瓜专用袋。

毫无疑问，前面一个店员做到了“认同顾客”，而后面这个店员虽然显得很专业，但对于顾客来说，则显得有些“不近情理”。顾客会想，不就几分钱一个的塑料袋嘛，这么小气！如果你还是有点不明白的话，不妨来看这样一个情景范例：

情景范例　小姐，请在沙拉里加点醋

在某餐饮店上班的王小姐最近碰到了一件非常奇怪的事情，让她感叹不已。也正因为这件事情，让她真正明白了什么叫认同顾客。

那天，她负责给一号桌上菜，顾客点了一份水果沙拉，当王小姐把水果沙拉端上桌的时候，这位先生拿起筷子尝了一口，说：“麻烦你，小姐，请在沙拉里面加点醋。”

“啊，在沙拉里面加醋？”王小姐以为自己听错了，便重复了一遍。

“是的，加点醋。”这位先生也重复了一遍。

“可是沙拉是甜的，加醋味道会不好吧？”王小姐提出了自己的疑问。

“我就是想要那个味道，你怎么那么多问题！”顾客有点不耐烦了，对着王小姐“吼”了起来。正在这个时候，大堂经理走了过来，问清情况后，马上自己去后厨端来了食醋。

事后，大堂经理告诉王小姐：顾客的需求是多种多样的，不能以自己的想法代替顾客的想法，这样做就是不认同顾客，会让顾客觉得自己的尊严受到侵犯……

认同顾客。自此以后，王小姐就以这件事情来提醒自己：小姐，请在沙拉里加点醋。

正如大堂经理所讲：顾客的需求是多种多样的，作为店铺经营者、销售人员

不能以自己的想法来判断顾客的需求是不是合理。一旦顾客的需求遭到质疑，就会觉得尊严受到侵犯，那么对于店铺来说，获得顾客的认同感是不是就变得不太可能了呢？所以，每天结束销售之时，你可以自问一下：今天，我认同顾客了吗？

衡量顾客的需求，推荐更合适的商品

在一般人的意识当中，当顾客前来购物的时候，推销出去越多的商品，这个店铺的气场也就越强。现在，我郑重地告诉你：这是错误的思维。

你是不是觉得很奇怪，开店不就是为了多卖产品吗？现在我来告诉你：当顾客拿着一大堆商品回到家的时候，可能会有两种感觉：

第一，你所推销的这些商品对他们来说用处并不大，他们当初之所以购买，完全是被你忽悠的。

第二，他们感觉被你骗了，下一次再也不愿意去你的店铺消费。

说到底，顾客通过一次购物行为，就对你的店铺产生了不认同的感觉，难道你还指望他能成为你的固定回头客？想都别想。

由此你可以得出这样一个结论：要想让顾客认同自己的店铺，就必须避免进入“多推销”的误区，而应该衡量顾客的需求，推荐更加合适的商品。让顾客感激你，从而认同你，甘心做你的回头客，那样店铺的气场会更强。

情景范例　我给你推荐一个电视盒吧

李伟想买台彩电，但是又有些犹豫不决，因为他不知道到底该不该买。热情的售货员主动了解他目前家中的情况、看电视的主要需要、房间空间大小、预算等。在经过一番交流之后，售货员了解到李伟是单身，有一台电脑，住处只有20平方米，平时只观看体育节目，并且不是经常看电视，习惯从网上看新闻。

在了解到这些情况之后，售货员对李伟说：“小伙子，我给你推荐一个电视盒吧，我觉得它比电视更加适合你。”

“什么？电视盒？”听了售货员的话，李伟觉得有点不可思议。

“是的，你听我跟你分析……”售货员顿了顿，开始给李伟分析了购买一台电视所需要的全部费用、所占面积、电视的使用率和购买一个仅有一本词典大小的电视盒的费用、占用面积等。经过分析比较，售货员认为李伟并不需要购买电视，只要买一个电视盒就能享受收看体育节目的方便。李伟听了以后，十分叹服，最终听从售货员的建议，仅仅花了不到100元，买了一个电视盒。

就这样，李伟成了超市的常客，还经常带朋友一块来随便看看。

从表面上看，这个售货员“不会卖东西”，到手的生意都不做，还非得给人介绍便宜的、利润低的商品。其实仔细想想，他才是真正的“生意人”，不仅懂得人性，而且还明白一个道理：给顾客推荐更加合适的商品更能赢得顾客的心，也更容易获得顾客的认同、提升店铺的气场。

其实我们可以将心比心一番：如果你是这个顾客，遇到这种情况，你是不是会感谢这个销售员呢？如果再次有这方面的需求，你是不是同样会选择这家店铺消费呢？

把顾客当作朋友

很多店铺都提出类似的口号：把顾客当朋友，但真正做到的又有几个人呢？意识到这一点却没有做到有两个方面的原因：

第一，想得多，做得少，没有付诸实践。

第二，不知道该如何去做，没有具备指导意义的方法供他学习借鉴。

如果你的情况属于第一种，那不用多说，立刻行动即可。如果你的情况属于第二种，那我现在就来告诉你具体该如何去做。其实做法很简单，分为以下几步：

第一步：写下你最好的朋友的名字。

第二步：想象。在你为顾客服务的时候，请把对方想象成你那个最好的朋友，想象你就是在为自己最好的朋友服务，这个时候，你会怎么做？

第三步：固化。刚开始这么做可能会觉得很难，这个时候，你需要固化自己的思维，并且找到最适合自己的服务模式。

一旦你做到了这三步，把顾客当成朋友也就不难了。

获得顾客的认同，绝不靠花哨的外表

很多店铺的营销者都意识到了一个问题：提高顾客的认同感对提高店铺的气场有利，而且还能转化成利润。于是，他们不惜花费巨大的财力、人力把店铺装修得非常豪华，争取让顾客一见到自己的店铺就发出“哇哦”的惊叹声。他们认为，让顾客折服，就是得到了顾客的认同。

表面上看这样的理论是成立的，而事实上并不是，甚至正好相反，你越是让顾客“哇哦”，就越难得到顾客的认同。为什么这么说呢？原因就在于这涉及一个问题：顾客认同一个店铺，到底认同的是什么？如果你不知道，现在可以思考一下：

____

____

____

没错，顾客认同一个店铺，除了装修之外，更重要的是店铺所提供的商品、服务。如果你的店铺装修豪华，但是却无法给顾客质量合格的产品以及让他们觉得到位的服务，那么顾客只会对你的店铺产生反感，认为它“金玉其外，败絮其中”。一旦让顾客产生了这样的想法，气场又何在？！

第三节　参与度，学会和顾客互动

很多时候，店铺的销售过程是单方面进行的，主要有两种情况：

第一，顾客需要什么，直接告诉店员，然后结账走人，中间说的话可能不超过三句。

第二，顾客没有购买的意愿，店员却极力推销，最后顾客在不太情愿的情况下买下商品走人，以图清净。

很显然，尽管这样的销售最终达成了，但是对于提高店铺的气场来说，这两种过程都是相当失败的。为什么？因为店铺和顾客之间没有进行沟通，缺乏互动，一旦店铺存在竞争者，顾客就会选择其竞争对手。

学会和顾客进行互动，对于提升店铺来说，也是一条有效的途径。那么如何和顾客进行互动？我想这个问题现在你是最希望知道的。别着急，容我一步一步慢慢说。

》聊家常

推销商品切忌单刀直入，容易引起顾客的戒备心理。这一点肯定你也知道，可是和顾客聊些什么呢？这同样是为难的一件事情，特别是如果你不善言辞，更是难上加难，整个交易过程可能就是上演一场“哑剧”。

现在，这种情况你可以进行改变了。当你觉得自己和顾客没话可说的时候，不妨聊聊家常。比如“吃饭了没”“天气很糟糕”“堵车”“周末休息”等话题，都是很容易和对方聊起来的，而且也很容易得到顾客的回应，不至于变成最后的“单口相声”。

其实，通过聊家常来提高顾客的参与度，是很多店铺经营者都愿意做的事情。

情景范例

聊家常聊出来的商机

王先生是一家餐馆的老板，最近他一直在愁店铺的生意不好做，因为越来越多的人觉得在外面吃不安全，所以响应“回家吃饭”的号召，买菜进厨房。

难道饭馆就没有好的办法经营下去了吗？一次和小区的李女士聊天，王先生问李女士：“吃饭了吗？”

李女士笑了笑回答道：“还没呢，这不刚下班，还没来得及去买菜。”

“这都晚上七点半了，市场早就没菜了吧，要买也只能去超市了。”王先生笑着说道。

“是的，这确实让人很郁闷啊，我们每天上班早，下班又那么晚，都没办法买到菜。”李女士抱怨道。

正是李女士的这句抱怨，让王先生找到了好的点子：帮人买菜。只要你想吃什么菜，要多少跟王先生说一声，王先生就会帮你办好。每次酬劳2块钱。

当然，王先生并不是靠这点小事赚钱，而是他摸准了人们的心理：一般买了菜之后都不愿意拿回家做，而是直接让王先生帮忙做，这样一来，饭店的生意不就又来了吗？

看了王先生的事情，你不要简单地把它当成一个营销“巧劲儿”，它其实涉及一个问题：提高顾客的参与度。顾客不来饭馆吃饭，参与度等于零。可是经过代为买菜之后，这种参与度就获得了提高，店铺的生意自然好转。更重要的是，提高了王先生店铺在周围人群中的“存在感”。

询问顾客的感觉

“这款产品很好的，不管是质量，还是功能……”

“这款产品现在卖得很火，很多人都点名要它……”

“如果你现在不采取行动，可能马上就会后悔了哦……”

……

在和一些店铺营销人员打交道的时候，你经常能听到类似的话。很显然，他们在卖力地推销自己的产品，可以说很尽责。但你是否发现了一点：他们的推销不够有吸引力，顾客的参与度几乎等于零。要知道，任何一件商品，最后都是需要顾客埋单的，如果顾客不认同你的推销，再卖力也没有用。

现在，你是不是很想知道一个问题：如何让顾客认同你的推销？

要想让顾客认同自己的推销，你可以使用一种方法：在卖力推销的时候，询问顾客的感觉。比如“你感觉怎么样？”“你对这个商品有什么看法？”“你觉得功能是不是很强大呢？”主动询问顾客的感觉，既不会让你的推销显得异常生硬，而且还能让顾客自己说服自己来购买。

另外，请不要忘记一点：同时也要询问顾客陪同人员的看法。如果产品能够试用，在给予准顾客试用机会的同时，也要给他的陪同人员同样的试用机会。这是提高顾客参与度和店铺存在感的一个行之有效的方法。

主动索要评价

店铺为顾客提供服务，而顾客对店铺的这次服务提供评价，然后店铺营销者根据顾客的评价自动调整自己的服务，这才是一个相对完整的销售过程。

自问一下，你做到了吗？

相信很多人都没有做到这一点，不仅如此，还有很多人反驳我：“顾客并没有给我们评价，那该怎么办？难不成我们还要主动索要？”

这句话算是说对了：当顾客没有主动给你评价的时候，你应该索要。要知道，顾客的评价，不仅仅是衡量店铺商品质量、服务质量的一个最为直接的指标，而且也是提高顾客和店铺之间参与度的一个方式。

多征求顾客的评价，能够让顾客觉得自己是受到店铺重视的，他能够参与到这个销售过程当中来，而不仅仅是购物付款这么简单。

留下联系回访卡

这一点基本上不用多讲，现在的很多店铺，特别是服务型的店铺都已经采用了这种方法。不过你或许也注意到了一点：这些店铺留下了顾客的联系回访卡，但真正联系顾客并进行回访的店铺却很少很少，回访卡已经成了一种摆设、一种虚构的服务。

这确实是很遗憾的一件事情，因为对顾客进行回访，是了解顾客、亲近顾客的一条捷径，而且这也是提高顾客参与度的一种方式。所以现在我要郑重地提醒你：不要让你的顾客回访卡上落满灰尘。

总而言之，销售就像人际交往，绝对不能做一锤子买卖。你只有懂得和顾客进行互动，顾客才会记得你，才会感受到你的存在。

第四节 培养顾客“想起你”的习惯

为什么很多时候，说起买羽绒服，人们首先想到的就是波司登；想到喝咖啡，就会想到星巴克？这是人们的一种习惯，这些店铺已经培养顾客“想起自己”的习惯。或者用更为专业一点的词汇来描述就是：顾客对这些店铺的忠诚度很高。

提高顾客的忠诚度，这也是摆在你面前的一个课题。如果你不知道该如何做，这个课题很有可能变成难题，影响气场，最终阻碍店铺的发展，甚至是生存。

具体该如何做？下面的方法或许能够帮到你：

天下无假，品质为上

天下无贼，是很多人心目当中的愿望，而天下无假，则是顾客对店铺的希望。作为一个店铺，要想提高顾客的忠诚度，让顾客时时刻刻都记得自己，做到“天下无假”是最为基本的，也是最为重要的。只有不断地把店铺的商品、服务品质抓上去，顾客才能不断地放心前来消费，成为店铺的回头客。否则，一切都只是泡影。

情景范例　“假一赔十”在泛滥

某地刚开了一家皮鞋店，为了提高店铺的知名度、取得顾客的信任，在做广告的时候做出了“全部是真皮产品，假一赔十”的承诺。有了这样的承诺，很多人都前来购买，一时间生意异常火爆。

可是好景不长，就有一个顾客拿着皮鞋找上门了，原因很简单：他在这里买了一双皮鞋之后，穿了不到一个星期鞋帮就开裂了，拿去修补的时候他才看清楚：他购买的所谓真皮皮鞋其实是假货，因为只有外面两层薄薄的皮，而中间的夹层竟然是硬板纸，这样的鞋子只要有了破损，根本就没有办法修补。

面对“假一赔十”的承诺，这家皮鞋店的老板选择了食言，并且找出了各种各样的理由为自己辩解。显然，这个顾客不愿意就这样罢休，不仅把这个店铺的情况举报给了工商部门，而且还举着“假货专卖”的牌子，堵在店铺的门口。过往的人一看就明白了，再也没有人愿意进店购买“真皮皮鞋”。就因为产品质量不过关，一个原本生意火爆的店铺不得不“黄”了。

顾客到店铺消费，最害怕的不是价格高昂，而是遇到假货。一旦有这方面的风吹草动，顾客都不愿意冒险，宁愿选择另外的店铺，尽管价格相对更高。现在，你明白为什么很多店铺虽然价格低廉，但销售情况一直不好了吧？有假货。

超越顾客的期待

在设置一个店铺经营方向的时候，要同时考虑两个问题：第一，你想让顾客在你的店铺里面买到什么商品或者服务？第二，顾客希望在你的店铺里买到什么样的商品和服务？

相信对于第一点，你可能已经考虑得非常成熟了。可是对于第二点，你是不是就忽略了呢？对任何一个店铺，顾客都会产生一些判断：在这个店铺里面，可能会有什么样的商品供给，如果他发现这个店铺当中没有自己所希望买到的商品，第二次就不会选择进去。

另外还有一点：当顾客无意中进入你的店铺，没有惊喜或者自己的期待没有得到满足的话，第二次也不会选择再进去。当然，这样的惊喜必须是持续性的，第一次进来有，第二次进来还有，那么第三次、第四次，他就会不断地进来消费。

根据顾客的购物心理可以得出这样一个结论：超越顾客的期待刻不容缓。

情景范例　比顾客想得还要多

在一个服装城里面，“漫天花”服装店的生意总是比别家的生意要好很多，尽管里面所售的衣服在别家也能找到，价格也不是特别便宜，但它的回头客总是很多，而且很多人还慕名前来消费。

这到底是怎么回事？其实，“漫天花”的经营秘诀非常简单：超过顾客的期待，比顾客想得还要多。

举个简单的例子：夏天，别人家仅仅是开了空调，而它这里不仅有冰水，还给顾客准备冰粥、擦洗间、花露水、防晒霜等女性常常要用到的东西，任何一个顾客到这个店里消费，如果需要，都能得到免费的服务。

更甚的是，“漫天花”的老板深知女性在逛街的时候一般都会很劳累，所以，在店里摆放了一圈的沙发，供大家休息。在茶几上还有一些小零食，供顾客享用。所以，当顾客进来的时候，就会感觉到一股浓浓的休闲气氛，自然消费欲望有了很大的提高。

满足顾客个性化需求

这是一个讲究个性化的年代，每个人对商品的要求都是不一样的，作为店铺经营者，你可能已经意识到这一点了，但你能够真正做到“满足顾客个性化要求”吗？或许你觉得很难，一点头绪都没有。没有关系，在这一部分当中，我会告诉你该怎么做。

现在，请跟随我的脚步，一步一步来解决：

第一，请你列出所有的个性化需求（在你能力范围之内），并把它写在一张纸上；

第二，请你周围的人帮忙，完善上面那个步骤；

第三，在这些个性化需求的后面，写上你的应对之策；

第四，准备另外一张纸，随时记录你没有想到的个性化需求，同样在背后写上你的应对之策；

第五，让顾客来检验你的对策是否可行，并随时记录他们的反馈。

怎么样，是不是觉得很简单？事情往往就是如此，你总是把它想得很难而不去做，事实上并没有那么困难，只要你去做，方法总比问题多。

正确处理顾客的问题

经营一家店铺，很容易遇到顾客抱怨、与顾客发生争执的情况。面对这些情况，你该如何解决？或许你会告诉我：严重的话会设法解决，不严重的话就选择忽略。

是的，从表面上这样的处理方式确实可行，不过如果你想要提高店铺的气场，这样做就不太合适了。正确的做法是什么呢？处理一切顾客的抱怨或者异议。顾客是店铺的上帝，尽管上帝也有可能出错，但你如果得罪了他们，他们就会选择把你抛弃，转而投向你竞争对手的怀抱。

有研究显示，通常在 25 个不满意的顾客中只有 1 个会去投诉，其他 24 个则悄悄地转移到了其他店铺的产品或服务上。因此，有条件的店铺应尽力鼓励顾客提出抱怨，然后再设法解决其遇到的问题。

不满意的顾客并不一定抱怨，而仅仅会转向其他店铺。顾客的抱怨可以成为店铺建立和改善业务的最好路标。顾客能指出你的系统在什么地方出了问题、哪里是薄弱环节，顾客能告诉你产品在哪些方面不能满足他们的期望或者店铺的工作没有起色。同样，顾客也能指出店铺竞争对手的优势，或店铺员工在哪些地方落后于人。

可能当顾客在抱怨的时候，你会觉得很烦，可你要知道，这些都是人们给咨询师付费才能获得的内容和结论，你凭什么就这样抛弃呢？

善待顾客的抱怨，就是善待店铺的气场。与其花重金去聘请咨询师来改善店铺的经营，不如静下心来听顾客唠叨，效果可能更好。

》简化购买程序

购买程序也会影响店铺的气场，你听过这样的事情吗？

可能当你刚听到这句话的时候，你会觉得很莫名其妙，不过在此我要告诉你：这句话是正确的，购买程序越是简单，店铺的气场越容易获得提高。如果你觉得还是有点不可思议的话，不妨现在就把自己想象成一个顾客，到一个店铺去购买商品。当你选好商品准备付账的时候，却被告知有很多程序要走，比如要大堂经理签字，还要去财务部盖章交款，然后才能到商品部拿货，最后还要到服务大厅开发票、验货。等弄完这一切之后，你才能拿着商品离开。估计这个时候，半个小时已经过去了。在时间就是金钱的今天，如果没有特殊的需求，你还会光顾这家店铺吗？

第五节 店铺招牌，你有吗？

当我问出这句话的时候，你可能会笑话我：“谁家的店铺会没有招牌呢？”

是的，在你的理解当中，招牌可能就是店名、logo、灯箱广告等常见的标识性的东西，事实上我今天要说的招牌，不是这种外在的物品，而是内在的、具备一定内涵的东西，比如特色商品，特色服务，竞争对手没有想到或者模仿不了的东西。

说到底，今天我们说的店铺招牌，就是店铺的一种核心竞争力，一种吸引顾客的地方所在。

现在，请自问一下："我的店铺具备这种招牌吗？"或者把你认为应该算是招牌的内容写在下面，一会儿看完了本篇的内容，再做最后的判断。

____

____

____

如果你觉得自己的店铺确实在这个方面做得不够好，没有关系，很多店铺都是如此。不过你今天比他们都足够幸运，了解到了这些内容，接下来只要甩开胳膊去做就行了。店铺的气场，会在短时间里得到提升。

如何寻找、设置自己店铺的招牌？这对你来说可能是个难题，不要紧，可以通过以下几个方面进行思考，或许会对你有所帮助。

》特色商品、服务

什么样的商品可以算是特色商品、服务？简单点说：别的店铺没有的，或者没有这么正宗、到位的商品和服务。

很多人都说这是一个讲究特色的时代，没错，无论是商品还是服务，如果缺少特色，总是很难做到很好，吸引顾客的目光。可是该如何做到"特色"呢？这确实需要你根据自己的店铺动动脑筋，想想办法。现在，我只能给你提供一个比较成功的案例，供你参考。

情景范例　关门做生意的饭店

在美国曼哈顿第五大街有一家名叫毕坚的餐馆，这家餐馆不同于一般的餐馆那样敞开大门接待顾客，而是大门紧锁，警卫森严，每次只接待一桌顾客（10人以内）。至于顾客都有谁，什么时候光顾，都是严格保密的。

并且，据在这家餐馆用过餐的顾客透露，在这家餐馆用餐，有严格的时间限制，每次仅限1个小时，否则，你面前的饭菜将会被端走，不管你是否吃饱。餐馆给出的理由非常简单：下面还有一桌在等着呢。

一天24个小时，要接待的客人仅仅只有十几桌，看似客流量很小，但实际上这家店铺每天的营业额远远超过一般店铺，毕竟在这里面吃一顿饭，可能要花上好几百美元，甚至上千美元。可即便如此，客源还是源源不断，甚至还有很多人因为没有排上队而懊恼不已。

那么这家餐馆为什么要这样做呢？其目的很简单：打造店铺的特色，以此来区别于一般的店铺，提高店铺的神秘性，从而吸引更多顾客的光临。事实证明，这家店铺的定位是成功的。

关门做生意、每次只接待一桌客人，而且还有严格的用餐时间规定……你可能觉得太不可思议，但这就是这个饭店的特色，一般的店铺想不到这个点子，也不愿意这么做。也正因为如此，这个饭店名声在外。

那么现在，请你思考一下：你的店铺适合什么样的特色呢？请把你的想法写在下面的空格当中：

____

____

____

准确的顾客定位

曾经看过这样戏剧性的一幕：一名顾客到一家出售高档西服的店铺闲逛，他看中了一套西服，便问销售人员：“你好，请问这套西服多少钱？”销售人员看了看标签之后告诉他：“先生，我们这套衣服卖8889元。”听到这个数字，顾客非常惊讶：“怎么这么贵啊，你们这个店怎么这样？”销售人员听了之后，笑了笑说：“先生，我们这个店就是为有钱人开的。”

暂且不管这个服务员的回答是不是有点“嫌贫爱富”，但有一点是肯定的：每个店铺都有不同的顾客定位，自己的商品准备卖给什么样的人、这些人有什么样的特色等都应该一清二楚，否则就很难把握顾客的心理，也很难打造自己的招牌。

想想看，是不是这个道理呢？

情景范例

不普通的普通餐厅

“学子餐厅”是一个位于某大学门口的普通餐厅，可是这家普通餐厅却创造了同类餐厅的销售奇迹。之所以有这样的成绩，按照店主严老板的说法就是：“了解学生、服务学生，围绕学生做文章。”

那么严老板的文章是如何做的呢？主要体现在四个方面：

第一，营造氛围。在和学生交流一段时间之后，严老板发现这些学生都比较单纯，喜欢一些文化氛围比较浓厚的环境，即便是就餐的地方，他们也希望能体现文人雅士风范。为此，严老板就将饭店原来农村来的服务员全部换掉，开始聘用学校里面的学生当服务员。并且还在餐厅墙壁上挂上一些国画、诗词等。一个普通的餐厅瞬间变成了一个有着浓厚学术气氛的场所。

第二，投其所好。严老板发现学生们一般思维都比较活跃，对新闻有独特的视角和敏锐的感觉。为此，严老板自任主编，组织几个中文系的笔杆子，将每天的国内外要闻和体育新闻等根据自己的视角写出评论，并且在评论的边边角角，写上饭店的特别菜肴，最后油墨印刷，就餐的学生人手一份。学生们在分享新闻评论的同时，也看到了饭店的特色菜肴，用完餐后带回学校又是一份绝妙的广告。

第三，照顾所有。大学学生有一个非常明显的特点：学生们来自全国各地、五湖四海，并且这些孩子还非常喜欢结交各地的朋友，而最为流行的结交方式莫过于到餐厅“撮一顿”了。这一点，严老板也没有放过。针对这些特点，严老板特意让厨师准备了各式地方风味菜肴，有湖南人爱吃的辣椒、东北人爱吃的猪肉炖粉条、江浙人爱吃的糖醋排骨……学生们在这里可以享用久违了的家乡风味。当然，这里的收费也很便宜，与学习饭堂的小炒价格差不多，学生真正是“吃得开心，走得顺心”。

第四，想学生所想。一到各种球赛来临的时候，学生们都苦于无处观看。严老板特意购买了四台电视，一字排开，贴出告示免费欢迎球迷观战。一时间，饭店内人满为患。当然这些球迷不久又将成为饭店的“铁杆主顾”。最终，越来越多的人知道了“学子餐厅”的大名，也就越来越多的人光临“学子餐厅”。

顾客是谁、他们都喜欢什么、如何“讨好”他们……当你想到这些问题的时候，你可能觉得有些卑下，但是从提高店铺气场的角度来说，这样的付出是值得的。只有店铺开始打造自己的招牌并且获得顾客认同之后，生意才会红火。

延伸服务

在我们的身边，很容易发现一些店铺“不务正业”，做一些和店铺业务无关的事情。比如好好的一家超市，却免费做“二手商品交易”，一家餐厅，却不遗余力地在免费上网上下工夫……面对这些做法，你是不是也觉得有些不可理解呢?

事实上，这些店铺经营者是非常聪明的，他们这么做，并不是在浪费精力，而是通过一种延伸服务来打造店铺的招牌，从而提高店铺的气场。

情景范例　你的酒吧能涂鸦吗

在大城市，酒吧很多，竞争很激烈。可是香港尖沙咀的一家酒吧却完全不必担心这种竞争，因为这里每天都顾客盈门，人来人往，生意非常火爆。

为什么顾客都如此喜欢这家酒吧呢？原因还得从一个小故事说起。

几年前，一位先生邀请自己心仪已久的漂亮姑娘来到这家酒吧约会，可是酒过三巡，这位笨嘴笨舌的先生还是没有找到说出自己心里话的方式，一时间竟然急得汗流浃背。就在关键时刻，他突然发现酒吧餐台上有几支色彩斑斓的画笔，旁边还放着一些雪白的餐纸，情急之下，这位先生拿起画笔和纸，将憋在自己心中已久的爱慕之情用一幅涂鸦表现了出来。虽然这幅涂鸦还不能称为艺术品，但姑娘看了之后深为感动，当即接受了这位先生的爱情。

整件事情正好被这家酒吧的老板看在眼里，他灵机一动：为什么不将这种创意拿来为己所用呢？为此，从第二天开始，人们一进入酒吧就会发现在每张桌子上面，都有一盒色彩斑斓的彩笔和一叠雪白的餐纸。酒吧老板告诉顾客，无论哪一位顾客都可以利用纸和笔进行涂鸦，而一些比较突出的涂鸦将被挂在餐厅墙上。

为了提高顾客的涂鸦积极性，酒吧开展了“每月靓画”的评比活动，经过顾客的评比，胜出者能得到1000港元的代金券一张、高档餐酒一瓶。店铺还将胜出的涂鸦装裱起来，挂在店铺的精品区。

酒吧的这种做法很快吸引了顾客的注意，很多人纷纷涌向这家酒吧，一睹涂鸦的风采。参观之余，这些人不免也凑个热闹，展示自己的涂鸦水平。很快，这个酒吧就声名远播了。

给顾客提供涂鸦服务，这确实不是酒吧的主营业务，而是延伸的一种服务。可是通过案例，你也看到了，正是这种延伸的服务，让这家店铺变得和别的店铺不一样，具备自己的招牌。

现在，不妨想想，你的店铺是不是也有延伸服务可以拓展呢？

» 趣味性

顾客除了喜欢物美价廉的产品之外，也有好奇、喜欢有趣事物的心理。如果顾客觉得你的店铺有趣，就会不自觉地光顾。当然，对于你来说，经营这个“有趣”的事物，也就是给自己的店铺打造招牌。

如果你觉得自己的店铺没有什么特色，不妨问一下自己：我的店铺有趣吗？

情景范例　侏儒餐厅

吉姆是岛国菲律宾首都马尼拉市的一个普通餐厅老板，经营着一家具有本地特色的餐馆。因为马尼拉市是一个旅游城市，游人来来往往，按道理说吉姆的生意应该非常不错才对，但是事实却不是如此，顾客不仅稀稀拉拉，而且还出现递减的局面。

为了改变这种局面，吉姆特地招募了一批年轻漂亮的小姑娘作为餐厅服务员，想以此来吸引顾客，可是美女在旅游胜地很常见，很难吸引游客的光顾，生意还是处在原来的水平。看到这种局面，吉姆暗暗下定决心：一定要找出一种新的办法，出奇制胜，改变这个尴尬的局面。

有一天，吉姆在街上碰到一个侏儒人，形象十分滑稽，而旁边的游人也对他表现出了浓厚的兴趣。于是吉姆突发奇想：能不能将自己的餐厅布置成一个侏儒餐厅呢？从厨师到服务员，全部都是侏儒人，和周边店铺形成鲜明的对比，那么顾客是不是就能光顾自己的店铺呢？

在得到了家人的肯定之后，吉姆开始实施这个设想。他通过各种方法聘用了很多侏儒人，他们全部不超过1.3米，最矮的仅有0.67米。每当顾客光临，马上就有一个侏儒服务员前去接待，并且引导他们入席，随即就会有另一个侏儒服务员憨态可掬地递上特别为他们定做的大菜谱。远远看去，这些大菜谱和服务员的身高相差不大，因此，他们走起来总是摇摇摆摆的，顾客不免忍俊不禁、开怀大笑。

就这样，越来越多的顾客慕名来到这家侏儒餐厅，亲身体验一下“侏儒服务”。吉姆的餐厅以其独特的方式，吸引了越来越多顾客的光临，生意开始变得兴隆，利润开始增加。

当然，打造店铺的招牌，还有很多方向可以努力、尝试，上面我所给你的，只是一个方向、一个启示，希望通过这些启示，你能有更多的收获。

5 第五章

气场型店铺都有"主角意识"

一个普通的店铺，很容易把自己定位在"跟随者"的角色上，无论是经营方向还是营销策略，都照搬照抄同行的，特别是有名气的同行。他们认为只要学到了这种模式，店铺的生意就能好转。事实上并非如此。要想让生意好转，最为关键的还是要具备"主角意识"，走自己的路、做自己的促销，而不是邯郸学步。

看到这里，你可能已经很好奇了，很想知道接下来我要说些什么。现在，请放下所有的思想包袱，跟我一起进入"主角之旅"，为提高店铺的主角意识而努力。

第一节 主角，就是让同行都看着自己

在一个聚会中，你可以观察一下：一个有气场的人很容易成为主角，即便他不是举办者，也不是房间的主人，他总是能快速而又得体地赢得周围人的目光。

他是如何做到的？这个问题似乎不在讨论的范围之内，而我之所以举这样一个例子，目的就是要告诉你：一个有气场的店铺也是如此，尽管它不是行业的老大，没有很老的资质，甚至是一个刚刚开业的店铺，也具备“主角”的潜质。

或许现在你会想到一个问题：什么是主角？对于店铺来说，关于主角有一个比较直观的表现：让同行都看着自己。简单点说，你是那个指引方向的人，而不是那个跟随之人。

现在，另外一个问题就出现了：同行凭什么看着你？换句话说，你是如何证明自己就是主角的？方法有很多，不过以下几点是应该具备的：

具备不可复制的优势

要想让同行对你的店铺注目，你得拿出一定的实力才行。说到实力，你可能会告诉我自己有多少资产、准备投入多少资金、预备和谁合作……没错，这些都是实力的象征，不过对于同行来说，真正的实力可能更倾向于你是否有不可复制的优势。

什么是不可复制的优势？顾名思义：你的店铺所具备的优势，同行很难进行复制、变成他的。这种情况有以下几种可能性：

第一，优秀的人才以及管理；

第二，秘密配方、独特的味道；

第三，独有的进货、销售渠道。

情景范例 到武汉一定要吃周黑鸭

武汉人很喜欢吃鸭脖子、鸭翅膀之类的食品，也正是瞅准了这一点，市场上的同类商品并不少见，比较常见的就有久久鸭、周黑鸭。现在久久鸭这个品牌已经被做滥了，大街小巷，几乎到处都是“久久鸭”，唯有周黑鸭，却还是那么正宗。这是为什么，你想过没有？

原因很简单，有两点：

第一，周黑鸭有自己独特的配方，采用特殊工艺和神秘配料制作的周黑鸭“味道的确很好”，刚入口时“有点甜”，然后“越来越辣”，吃完了“嘴边还留有余香”，它皮黑肉嫩、醇厚不腻、香鲜美味，具有香、辣、麻、酥、嫩的特点，而且肉质筋道、鲜嫩诱人，不仅闻着香，看了更让人欲罢不能，急于品尝。

第二，周黑鸭只选择直营，不选择加盟，这样一来，秘方就不会泄露，成为自己永久的竞争优势，无可复制。

也正因为如此，“到武汉一定要吃周黑鸭”成为当地人介绍自己的一句经典台词。

想想看，你的店铺是否具备其中的一项呢？如果不具备，没有关系，你可以进行适当的调整，往这个三个方面努力。现在，不妨就把你想到的写在下面的空格之中：

____

____

____

行动具有影响力

在一部影视剧当中，主角的一举一动都关乎整个剧情的发展，他（她）的行动对整个剧情都有相当大的影响力。那么对于店铺来说，行动是否具备足够的影响力也是衡量它是不是主角的一个重要标准。

举个很简单的例子，在大型零售行业，家乐福、沃尔玛无疑是行业老大，具有主角的资质，如果有一天，它们的店铺有什么风吹草动，立刻就会被行业内所知晓，并且同行也会想着办法应对它们的行动，即便是一次简单的促销活动，也都能引起巨大的反响。

从这个角度来说，提高店铺行动的影响力，也是打造“主角”的重要一环。如何提高店铺行动的影响力？以店铺促销为例，就涉及以下几个方面：

第一，涉及面要广，即越多人参加越好。

第二，力度要大，只有力度够大，引起的反响才大。当然，也才能吸引更多的人关注。

第三，方式要新颖。摈弃一些老旧的、传统的做法，改用时尚的、能够快速抓住眼球的促销方法，也能很快达到目的。

第四，持续影响时间要长。这并不意味着店铺的促销时间要很长，而是影响顾客、同行的时间要长。比如，通过一次促销活动，顾客购买了足够的商品之后，至少在一段时间里不用再光顾同行的店铺。

只要你的店铺能够做到以上几点，同行一定会对你刮目相看。

具备一定的“规模”

看到这里你可能会说：天哪，这么有难度啊，我根本就没有这么多资金。这就是我接下来要说的问题了：要想成为行业的“主角”，需要具备一定的规模。这里的规模，不单纯指你的经营规模，即你的店面必须要有多大、你的资金量要有多少，还指你的店铺潜在的盈利规模。

为什么这么说呢？或许你已经想到了：有些店铺很小，无论是物理上的规模还是资金上的规模都很小，但是它的盈利能力并不低，潜在利润的规模很大。对于这种店铺，它依然具备成为行业主角的能力。

现在，你明白了吧？不要抱怨自己没有资金、没有很大的店铺面积，只要你的店铺具备强大的盈利能力，你照样是大规模的店铺。退一万步说，只要你的店铺能够持续盈利，所谓的店铺面积、资金实力还不是很简单的事情！

情景范例

无名小店也疯狂

上海有一家门面很不起眼的服装店铺，竟然在一段时间内接连出现在报刊、广播、电视之中，是什么绝招使它如此引人注目呢？原来，为让这家专门经销广州名牌牛仔系列服装的商店在激烈的服装市场竞争中脱颖而出，店主想出了一个主意，他特意定制了长 4.5 米、腰围 1.3 米的超大型牛仔裤挂在店门口，上别一张纸条，写明“合适者赠送留念”。这一招果然吸引了人们的注意，不少报纸、电台作了宣传，人们纷纷赶来争相试穿。

结果先是一位大腹便便的老伯荣获馈赠，接着中国女篮的郑海霞也相继受益，最后连大名鼎鼎的穆铁柱也前来光顾。三条免费赠送的超大型牛仔裤及其所涉及的新闻人物理所当然地引起了新闻单位的普遍注意，甚至连中央电视台也作了报道。这家默默无闻的小店一下子名声大噪，生意兴隆。

对此，店铺老板感慨不已。他说，我们店货物品质上乘，服务周到热情，但不宣传人家就是不知道，现在情形大不一样了。于是他注意收集整理顾客的反映，为进一步深入宣传积累资料。

在经营和管理上有创新

要想让同行都关注你，除了规模、无可复制的优势、行动影响力之外，还有一个方面不能忽略，那就是经营管理。我们都知道，现在店铺之间的竞争，已经从单纯的“商品竞争”过渡到“服务竞争”以及“多元竞争”上，其中的“多元”就包括店铺的经营管理。一个店铺，如果在经营管理上有所创新，也很容易让自己的店铺成为行业的老大。

在这里还是以“海底捞”为例，这个店铺之所以能够在服务上有所成就，原因就在于它的管理是比较创新的：足够信任自己的店员，任何一个店员，都有给顾客免单的权力。请问，在餐饮行业，有哪个店铺的管理是这样的？

第二节 主角意识，在何时体现

通过前面一节的内容，我们已经知道要想做主角，应该从哪些方面入手进行改进了，现在你是不是觉得自己的店铺就能具备强大的气场了呢？不一定。为什么？因为你的主角意识还没有得到体现。借用一句老话：茶壶里煮饺子——倒不出来。如果主角意识没有得到体现，那么这样的店铺与一般的店铺又有什么区别呢？

主角意识，一般在什么时候体现？如果你没有好好考虑过这个问题，就趁这个机会，顺着我的思路好好学习一番。

竞争过程中

相比较而言，竞争过程是最容易体现主角意识的。为什么这么说呢？就在于竞争是一种双方乃至多方共同作用的行为。对于店铺来说，则是整个行业，或者某个区域内的同行共同作用的一种行为。这就像同行聚会一样，眼光都盯着彼此。如果这个时候，你能体现自己的主角意识，就很容易被同行得知。

那么在竞争过程中，该如何体现自己的主角意识呢？最为重要的一点：不跟在别人身后跑，要有自己的方向和坚持。

什么意思呢？举个很简单的例子：在促销活动当中，绝大多数的同行可能都选择降价促销或者赠品促销，如果你选择降价或者赠品的方式促销，就是一种跟随。可是如果你选择的是逆向促销或者心理促销，甚至选择活动促销，就意味着你没有跟着别人跑，而是有自己的方向和坚持。

尽管在日常生活当中，我们并不喜欢那些特立独行的人，不过从气场的角度来说，那些人很容易因为气场强大而被别人关注。

情景范例

这个模特好另类

“红牡丹”是一家新开的时装店，和很多店铺一样，在开业之初，“红牡丹”进行了规模宏大的促销。在强大的电视广告的配合下，很多人纷纷前去捧场，可是让大家没有想到的是，在这家店铺门前迎接客人的不是人们想象中的帅哥美女，而是两个头发花白、老态龙钟的老头和老太，他们向来到店铺的顾客一一点头致意。

人们顿时被这种反常的现象给吸引住了，纷纷和这一对老头老太合影留念，而在这些照片中，“红牡丹”的店铺名称一次又一次地出现了。

进到店铺里面，更加新奇的情况出现了，店铺里面的模特同样不是人们想象中身材高挑的漂亮年轻人，而是身高只有1米左右的侏儒人，个个被打扮得非常精神，一件件特别定制的时装穿在他们身上一点也不觉得别扭，反而让人感到了一丝幽默。在侏儒模特一摇一摆地走台步时，观众不时地按动快门，将这一新奇现象记录了下来。

很快，“红牡丹”的店铺名字被人牢牢地记在了心里，被人们记住的还有“红牡丹”的一句广告词：侏儒的时装我们都能做好，更何况是给正常人的你做呢？

当然，最终来“红牡丹”定制时装的人一定不会少，因为他们相信，“红牡丹”能给自己一个满意的答案。

》交易过程中

在交易过程中，要具备主角意识是指不要让顾客意识超越自己。没错，顾客是上帝，但你要知道上帝并不是万能的，他也是有可能犯错的。这个时候，店铺营销者就得进行引导。其中可能会用到“解释”“辩驳”“反问”“演示”“加价”等手段，这些都是主角意识的外在体现。

情景范例

谁砍价就加价10块

10月是换季的时候，对于店铺来说，也是销售换季产品的时候。中原红服装店的李老板这几天正为一批没有卖完的库存货发愁呢！这些衣服，除了季节不对之外，什么问题都没有。

那么这些衣服是今天当处理品销售呢，还是等明年新装上市之前再卖呢？李老板心里没底。看着店铺里顾客一边挑着衣服，一边鄙夷着问：“这衣服就不能再便宜点了？”李老板没好气地回答说：“不能了，已经是最低价了。”说完这句话，李老板突然间有了个想法：定好最低价，如果顾客问一遍，就加价，问得越多，加得也就越多。

“这能行吗？”店员问李老板。说实在的，李老板心里没底，只是说试试吧。

第二天，李老板就在店铺门口贴出了一张告示：“换季服装大甩卖，全部是最低价出售，谢绝讲价。如有问价或者砍价者，一律加价 10 块。并且，规定每次挑选时间为 15 分钟，超过挑选时间的，也一律加价 10 块。”为此，李先生每 15 分钟就放进去一批顾客，然后清走一批顾客。

很多人都觉得，这样粗鲁、霸道的行为会伤害顾客的购物积极性，然而事实上正好相反，一批又一批的顾客涌进了李老板的店铺，并且都没有讲价，挑好了衣服付钱就走，干脆利落。自然而然，在这次促销活动中，李老板获利不少。

看了这样的案例，你是不是觉得有点不可思议却又心服口服呢？这就是一种“主角意识”的体现。店铺经营者这么做，无非就是向顾客宣布一个事实：这是我的地盘，一切由我说了算。你可以选择购买，也可以选择离开，但只要进入我的店铺，就得听我的。

这是何等的气场！

第三节 拷问：“我”能为顾客做什么

我能为顾客做什么？当你看到这个问题的时候，脑子里很有可能闪过一个念头：作为一个店铺，除了能为顾客提供商品或者服务之外，还能做什么？

是的，提供商品或者服务，这只是一个大的方向，现在，你要提高店铺的气场，就得往细的方面去想，比如：我能为顾客提供什么样的商品？我能给顾客带来什么样的服务？特别是当你处在同行竞争当中的时候，更得考虑清楚这个问题。

如果你还是不太明白，没有关系，我给你举个例子：同样是火锅店铺，小肥羊的取胜之道和海底捞的取胜之道是不一样的。小肥羊靠的是自己的特色火锅，而海底捞则更多地倚赖于自己到位的、让顾客惊喜连连的服务。

从大的方面来说，这是一种经营战略的不同，而从小的方面来说，则是一种“为顾客做什么”的内容有异。无论是从大的方面还是小的方面，这都是一种定位。如果能够选择好这个定位，将直接有利于提高店铺的主角意识，从而提高店铺的气场。

要做好这个定位，以下几条原则可以帮到你：

细化方向发展

什么是细化方向发展？即在行业之内进行更加细致的划分，以此和自己的同行区别开来。举个例子：同样处在服装行业，有的人选择做批发，有的人选择做零售，而有的人选择做物流。同样是做零售，有的人往“物美价廉”的方向发展，而有的则往“精品贵重”“品牌专卖”的方向发展。同样是做“品牌专卖”的方向，有的人选择代理国外的品牌，而有的则做国内的品牌……

从一个服装大行业划分看来，有这么多的细化方向，我们只要做好其中的一个方向，同样可以获得很大的成功。

专业化方向发展

专业化方向发展很好理解，即把工作做得更加专业。这种方向的发展越来越被人们接受，因为我们所处的年代，无论是商品还是服务，都不再奇缺，现在唯有从专业的角度切入，才有立足、发展的余地。

举个例子：同样是做足浴，有的定位是泰式服务，有的则是中药泡脚，有的则打出盲人服务的牌子。无论是泰式的服务，还是中药、盲人的招牌，都是一种专业的方向，以便将自己的店铺和一般的足浴店区分开来。

关注顾客特殊需求

特殊的顾客有特殊的需求。顾客有特殊的需求，那么店铺就应该有特色的服务。如果能把这种服务做到位，同样能体现店铺的主角意识。

那么顾客的特殊需求在哪些方面体现得比较多呢？

第一，生理上的体现：比如残疾、受伤、孕期、哺乳期、特殊疾病等；

第二，精神上的体现：比如精神病、老年痴呆、心理智障等；

第三，特殊时间的需求：比如聚会时的需求、等车时的需求、谈判时的需求、婚丧嫁娶时的需求等；

第四，特殊地点的需求：比如火车上的需求、高速路上的需求、野外的需求等；

……

类似的需求还有很多，在此就不一一列举了。总之：如果你能关注到这些顾客的特殊需求并进行特色经营的话，店铺的气场也能获得很大的提高。

第四节 不要被顾客牵着鼻子走

很多店铺都被“顾客是上帝”这句话给害惨了。

从顾客给店铺提供利润、是店铺赖以生存的基础这个角度来考虑，这句话一点儿错都没有。可是一个店铺不仅仅需要生存，而且还需要发展，这就需要提高自身经营的主动性的气场。那么，过分依赖顾客是不是会影响到这种主动性，换句话说，影响气场的提升？

答案是肯定的。店铺确实是为顾客服务的，但你要记住一点：店铺不为所有的顾客服务，也不为顾客提供所有的服务。

有针对性、有自己的底线、有自己的追求，这才是店铺应该做的事情。

现在，就让我们来认识一下在哪些情况下，店铺是被顾客牵着鼻子走的，看了之后你可能会吓一跳：

顾客定位失准

正如前面我们所说，要想开一个店铺，首先要搞清楚我这个店铺能为顾客做些什么。是销售商品，还是提供服务？销售什么样的商品，提供什么样的服务？

这就是店铺开张之前顾客定位的问题，如果你在这个时候，想着为所有的顾客服务，或者为顾客提供所有的服务，就很容易陷入一种盲目的状态中，这个商品也想销售，那个服务也准备提供，什么都讲究全面，却忘记了一点：现在的人都讲究专业、到位。店铺涉及的面越广，就越难做到这一点。不信，我们就来看这样一个案例：

情景范例 **从卖鞋到卖馄饨**

刚从单位退休下来的老王开了一个卖鞋的店铺，因为资金有限，老王准备从卖儿童鞋开始经营。慢慢的，资金开始宽裕，老王又想着进一些大人的鞋子，然后又进了一些时尚的女士鞋。慢慢的，在顾客的建议下，他又开始做服装。刚开始的时候，他想得挺好：卖鞋的人进来了，也会顺便看看服装，这样利润不是更大吗？可是事实并没有他想的那么简单，服装并不好卖。

面对这种情况，他并没有意识到自己的问题，而是单纯地以为服装生意不好做。后来，他觉得逛街的人常常会饿，所以，他又准备进军餐饮业，在自己店铺的一个角落开了一家馄饨店。一时间，所有的气味弥漫在店铺里，让人感觉很不舒服。原本销售量挺好的鞋子，现在销售也直线下降，最终不得不“关门大吉”。

老王一直想不清楚：为什么自己为顾客想得那么多，顾客就是不买账呢？

作为旁观者，你很快就能发现老王的问题出在哪里了——混乱经营，导致自己顾客定位不准。买鞋子是买鞋子的顾客群，买衣服是买衣服的顾客群，吃馄饨是吃馄饨的顾客群，一个顾客不可能又是买鞋子、买衣服还吃馄饨的。老王的想法很好，但不现实。他的店铺之所以会落得一个关门大吉的下场，也是有因可循的。

现在，请自问一下：“我的身上是否也有老王那样的毛病呢？”

服务延伸出错

为了扩大经营，更多地满足顾客的需求，店铺的服务延伸是很常见的。比如小肥羊，不仅经营火锅连锁店，而且也经营火锅底料、汤料等，这就是一种服务的延伸。

可以延伸，并不等于可以无限制地延伸，否则很容易出错。一个店铺，服务延伸出了错，不仅影响店铺的发展，生存也会遭受考验。

如何衡量一个店铺的服务延伸是不是已经出错了呢？有三个标准可以使用：

第一，延伸服务是不是已经“覆盖”了主要服务？

例：原先的店铺是做服装零售的，现在开始业务的延伸，开始通过自己的渠道做服装的加工、运输等，尽管这样也有可能赚钱，但是这对店铺本身来说，是非常危险的。一旦延伸服务的某个环节出现了问题，店铺的生存就会经受考验，更不用说气场了。

第二，延伸服务和主要服务之间是不是产生了利润上的纠葛，比如说内耗？

例：有的店铺刚开始做A品牌的化妆品，后来又延伸做B品牌的化妆品，这样一来，A品牌部门和B品牌部门之间就产生了竞争，从而发生了内耗。这也是一种延伸服务出错的表现。

第三，延伸服务和主要服务是不是同属一个行业？

例：有的店铺刚开始是做餐饮的，后来却又跑去经营超市、广告、足浴、美容等。这种跨行业的服务延伸很容易出现问题，导致最后的惨败。

失去特色

特色，是店铺的一张“身份证”。店铺可以通过自己的特色来区别于同行，也能通过特色来吸引自己的顾客群，创造利润。很多店铺苦求而不得，也有店铺过分看重顾客的需求，被顾客牵着鼻子走，以至于丢失了特色，使得店铺气场尽失，悲哉！

你可能在想：怎么会有这么傻的人呢？事实上，在我们身边，做这种傻事的店铺经营者还不在少数。如果你不信，我们就来看一个案例，相信这个案例在日常生活中，你经常会遇到：

情景范例　卖云南白药的长白山参茸店

几年前，家住东北的白先生依靠自身的优势，在京城开了一家长白山参茸店。为了突出店铺的特色，白先生还特地请了装潢设计师，把店铺装修成长白山白雪皑皑的样子，让顾客一走进来，就能感受到浓浓的东北味。

这是一家特色十足的店铺，加上白先生的努力，生意一直不错。可是有一天，一个顾客提醒白先生：一个店铺就卖一些长白山的参茸是不是太单调了？白先生想想也有道理，毕竟顾客的需求是很多的，便想着多经营一些种类。可是这一想就坏事了：他的店铺不仅经营了长白山的参茸，也经营了其他各地的土特产，甚至云南白药也在其中。保健品、药品、半成品、成品都有，一家原本十分有特色的店铺，就这样变成街头药店了。

事实确实如白先生所想的那样：顾客的需求是很多的，但他没有想明白一点：一个店铺无法满足顾客所有的需求，即便是百货商店，也只是“百货”，而不是“千货”“万货”。满足顾客的一种需求，表面上看是少了点，但从另外一个角度来说，这就是专业、就是特色。

利润劫持

什么是利润劫持？简单点说，就是顾客通过砍价和店铺抢利润，甚至以“不购买”为理由，“威胁”店铺按照自己的意思走。尽管顾客这么做并不会使店铺亏本，但利润的减少也是影响气场的负面因素。

如何改变利润被劫持的情况？最好的办法就是明码标价。对于一些店铺来说，尽管这样做还有点难度，不过如果你能够坚持，顾客也不会多说什么。当你遭到异议，请牢记一句话：这是我的地盘，我说了算。顺从顾客，你不会得到更多，只会失去更多。

这种情况很容易出现，也被很多人所熟知。不过在这里我还是要提醒一下，要想提高店铺气场、不被顾客所劫持，在利润的问题上最好不要让步。要知道，你今天让步了，还会有明天、后天……当你经历了无数次的“被劫持”之后，店铺的气场就消耗殆尽了。

被顾客牵着鼻子走，这样的提法或许今天你是第一次看到，不要紧，好好思考一下其中的道理，对你提高店铺的气场是有帮助的。现在，就把你的思考内容写在下面的空格中：

____

____

____

6 第六章

面子气场，店铺的一张脸

相信你肯定赞同我的一个观点：一个有气场的人绝对不会不顾自己的脸面，头发蓬松、满牙黄垢，说一些不中听的话，做一些不入流的事情。

为人处世要注意面子问题，开店铺同样要注重面子。一个店铺是不是有面子，将直接影响这个店铺是不是有气场。什么是店铺的面子呢？比如第一印象、门迎、店员的形象、服务态度等，都属此列。请问，你注意到了吗？

第一节 店铺需要面子吗?

每次我说到店铺的问题，似乎都牵扯到了为人处世。无论是在“存在感”“主角意识”方面，还是在我们即将要说的“面子方面”，都是如此。

在这里我是要问你一个问题：在日常的经营过程当中，你照顾到店铺的面子了吗？不要回避这个问题，把它诚实地回答出来，并写在下面的空格中：

____

____

____

那么为什么很多人会有“店铺没有面子可言”的想法呢？关键还在于受到以下想法的误导：

》利润为上说

利润为上，这是很多店铺经营者在开设店铺的时候给自己设定的一条规矩：只要利润，其他什么都可以放弃。尽管很多人不愿意承认，但绝大多数的人都是这么想的，也是这么做的。也正因为如此，他们为了获得利润，做出了伤害店铺面子的事情，导致店铺的气场在瞬间崩塌。

》顾客一次性说

“店铺需要什么面子？我这个店铺又不是为一个人开的，天下的顾客那么多，他不来，自然有人会来，难不成想指着回头客活下去？”

如果你是这么想的，或者想法和它类似，毫无疑问，你也是“顾客一次性说”的“受害者”。在你的心目中，一般的顾客只有一次机会进入你的店铺消费，所以店铺是否有面子，根本不影响店铺的气场。敢说这种话的只有两种情况：

第一，交通枢纽周边的店铺，这个人不买自然会有另外一个人来；

第二，你有特殊背景，别人求着来你这里购物。

如果你两者都不是，那么赶紧抛弃那个错误的想法，好好照顾店铺的面子，就像照顾你自己的面子一样。另外再告诉你一个信息：据一项调查显示，销售情况良好的店铺有 80% 是靠着老顾客来维持经营的。

这是一个什么样的概念呢？如果按照“顾客一次性”的说法来经营店铺，将有 80% 的店铺将要关门大吉。

现在，你知道自己的想法有多么幼稚和错误了吧？没事，现在改正还来得及。就从今天开始、现在开始吧。把你想要改正的地方、方法都写在下面的空格中：

____

____

____

退路说

退路，这是很多人在做一件事情之前首先会想到的，开店铺也是如此。在很多人的心目中，始终有一种想法萦绕：“随便弄，实在不行我换一个店面，或者重新做一个行业，我就不信……”

从生存的角度来说，有退路并不是坏事；不过从发展的角度来说，有退路未必是好事。有退路，意味着你不必尽心竭力、精益求精，这会让你的店铺在短时间里“伤痕累累”，最终走到关门大吉的地步。

你可能觉得自己这样做很聪明，不过我还是请你考虑以下几个问题：

第一，你的资金从哪里来？特别是当你频繁更换店铺的时候，启动资金是一个不小的开支。

第二，何时是个头？换句话说，你有一千条退路可以选择，但并不意味着你都可以去走，总有一天你要安定下来。

第三，当你频繁更换店铺内容的时候，你是否能够胜任？

如果你有心把自己店铺的气场提高，就请好好思考上面这三个问题，然后把答案写在下面的空格中：

____

____

____

好了，不管之前你是怎么想的，从今天开始，从现在开始，请改正自己错误的想法，照顾店铺的面子，让自己店铺的气场飞起来。

第二节 大气的“第一印象”

照顾店铺的面子，不能受到错误想法的引导是决定性的一点，除此之外，照顾到店铺的“第一印象”也相当重要。在心理学上有个名词你可能听过，叫首因效应，就是说人们根据最初获得的信息所形成的印象不易改变，甚至会左右对后来获得的新信息的解释。

什么意思呢？

我给你解释一下：如果顾客对你店铺的第一印象不够好，那么受到首因效应的影响，即便你的店铺商品物美价廉，他们也不会选择购买，甚至还会产生东西不好、价格很贵的错误感觉。从提高气场的角度来说，要想达到目的，改变店铺的第一印象也是相当重要的，而且还是一条捷径。

具体要做哪些方面的工作呢？总的来说，以下几个方面比较重要：

》门店的 logo

logo，就是一种标志，对于很多店铺来说，可能还没有这个标志。可能你觉得有没有logo没有多大的关系，可是我要告诉你的是，事实并不是你想象的那样。设计一个 logo，不仅能够让顾客快速地认识你，而且还能起到广而告之的作用。

举个很简单的例子：肯德基或者麦当劳，它们的 logo 就非常醒目，而且无论是在哪个产品、附属服务上面都印制有自己的 logo，这样顾客无论带着商品到哪个地方，别人都能快速地认识这个店铺，从而记住它。想想看，现在一说到肯德基或者麦当劳，你首先想到的是什么？是里面诱人的食物还是店面上那个醒目的 logo？

那么在设计店面 logo 的时候，要注意哪些问题呢？总的来说，有以下几点：

第一，形象统一

统一的 logo 标志，可以使你的店铺有整体感，同时要把 logo 运用到店铺日常工作中经常会用到的物件上，比如包装纸、店铺墙壁展示台或名片上，对于店铺的推广、气场的提升，都是相当有好处的。

第二，切合店铺风格

确定你的店铺主打什么产品或以什么风格为主营，这对店铺 logo 设计十分重要。要让标志的设计充分展现店铺的经营业务，或是店主对该店寄予的销售理念，传达充分贴切了，才能让顾客理解你的logo为何而设。只有这样，才能让你的店铺跟随logo深入人心、日渐走上大众品牌之路。

第三，简明易记

设计logo，目的就是让顾客能记住店铺，促进顾客对该店铺的认知程度。这就决定了logo的设计必须色彩鲜明且简单美观，这样有助于刻进顾客的心中，就算是匆匆一瞥也能让顾客记忆深刻，难以忘怀。

店名牌

店名牌是指写着店铺名称的那块牌匾，这也往往属于顾客见到这个店铺的第一印象之列。牌匾是否美观、大方、切合店铺的定位，也对气场有着很大的影响。

看到这里，你可能会想一个问题：那是不是我把这个牌匾做得越好看、越贵重，对于提升店铺的气场就越有利呢？不一定。如果你的店铺销售的是贵重物品，那么设置大方、豪华的牌匾是正确的，而如果销售是低廉的或者比较有特色的商品，那么最好选择和商品风格类似的牌匾。

是不是越说越糊涂？没关系，我们来看一个案例，看了之后或许你就会明白了。

情景范例　草庐人家的牌匾是稻草做的

在京城东三环某家具城旁边，最近新开了一家酒店，专营野生江鱼以及野菜等“纯绿色”的食品，店名叫“草庐人家”。在如何设置店铺牌匾的问题上，老板有些犯愁。因为这个店铺的商品价格并不是很低，进来消费的往往都是一些上了层次的老板、白领等。如果店铺的牌匾设置得很一般，将会影响到店铺的气场。可是如果太贵重，又和店铺的名称“草庐人家”不相符。

最后，老板决定采用“凸显特色”的方法，从乡下雇了一个编席子的师傅，用稻草编成了店铺的牌匾，然后再刷上防腐的药水，用防水、透明的塑料罩罩上，这样一来就显得非常有特色。果然，顾客对这个店铺的牌匾印象很好，“草庐人家”的生意日渐红火。

看了这个案例之后，你是否已经知道该如何设置店铺的牌匾了呢？不妨现在趁热打铁，好好想想自己的店铺比较适合什么样的牌匾，并把其中的一些要素写在下面的空格中吧：

____

pop

pop，是一种宣传用的小广告牌，比如利用商品货架的有限空间，设置精致小型的 pop。其中就有价目卡、商品宣传册、精致传单和小吉祥物等。这是一种诱使顾客近距离阅读商品广告、“强制”顾客接收商品信息的形式。

当然，如何利用好这种形式来提高店铺的气场，这也是店铺营销者应该考虑的问题。在你的店铺，你是否设置了这些 pop 呢？如果没有，可以想想该如何设置；如果有，就想想自己店铺的 pop 是不是还存在一些问题，把你所想的都写在下面的空格中：

设置 pop，并没有想象中的那么简单，要想达到预订的宣传效果，以下几点是需要做到的：

第一，设计美观，陈列有规则

pop 宣传是为了某一产品传递信息而生的，因而在考虑宣传单上融进产品的特点，能让顾客对该产品加深印象外，还要考虑设计时的美观与否。符合大众的审美观才能让顾客欣然接受，并因为欣赏画面设计而对该产品多留意几眼，这就达到了 pop 宣传的设计初衷。此外，不同形式的 pop 宣传有不同的摆放要求，但整体要求是整齐划一，而不能凌乱放置。

第二，有独特的创意及娱乐性

由于一般的店铺都是空间有限的，而今 pop 宣传的方式也越来越多地被一些商家所认可，要想让自己店内的 pop 宣传别具一格，就必须在设计创意上下工夫，力求与众不同。再者，顾客在紧张的工作之余来购物，如果能在购物过程中欣赏到具有娱乐性质、搞笑气息的 pop 宣传不失为一个好方法。只有给顾客带来乐趣，顾客才会乖乖地掏钱消费。

第三，目的性明确

pop 广告最直接的作用就是强调顾客购买商品的时间和地点，即诱导顾客在此时此刻现实购买。针对这一特点，设计 pop 广告的核心宗旨就是对顾客说“你要的东西就在这里”“现在就买它”“这里的东西是最优惠的”。有效的

pop 广告能激发顾客的购买欲，使顾客的购买冲动及时转化为现实购买力。即使是理性商品，店内的 pop 广告也能起到提醒注意及促进购买的作用，如购买冰箱、彩电等电器。

第四，营造良好的气氛

营造良好的购物氛围，能影响顾客的购买心情。比如经过商家精心设置的店铺服装模特、粘贴画，悬浮着的彩页以及用商品堆砌成的各种图案等 pop 广告，无一例外都能增强店铺内的装饰效果，制造出热烈的购物气氛，从而给顾客造成强烈的心理暗示，促成最后的购买。

霓虹灯

如果你的店铺需要用到霓虹灯，那么它也有可能是你的顾客接触店铺的第一印象，特别是在晚上，这种效果更加明显。提高店铺的气场，自然也不能放过它。那么在霓虹灯设置的时候，要注意哪些问题呢？

第一，选对颜色，你的店铺适合什么颜色的霓虹灯？这是你在选择的时候要首先考虑的。另外，最好避免使用常见的红色、绿色，可以选择一些有特色的、符合店铺气氛的颜色。

第二，选对形状，形状的选择也影响到霓虹灯的整体效果。常见的一般有长方形、原形、破浪形等形状，那么想想看，是不是有更加适合你的店铺的形状呢？

第三，不要有破损、老化、脱落的情况出现，如果有，及时更换。

门前区域

店铺的门前区域也相当重要，它也无声地向顾客展示着你的店铺，影响着你店铺的气场。对于一般的店铺来说，门前区域应该更多地注重两个方面的问题：

第一，门前的停车场是否干净整洁，车辆的摆放是否有秩序？

第二，如果门前是花坛或者摆放着花卉，那么应该查看这些花卉是否有枯死或者落叶的情况，如果有，应该及时清理。

门卫、保安

很多店铺为了保障顾客的安全以及店铺本身的安全，在店铺的门口或者停车场都设置有门卫或者保安。你是不是觉得保安的主要目的就是保卫安全？现在，我告诉你：保安不仅仅是保卫安全，而且还起到提升店铺气场的目的。

是不是觉得很奇怪？

或许你可以回想一下：在一些比较高档的、有气场的店铺，其中的安保人员是否都做到了整洁大方？特别是在一些酒店、宾馆等店铺，更是如此。

提高店铺的气场，不能忽略这些看似细小的问题。

第三节　门迎不可小视

门迎是否有气场，将直接关系到店铺的整体气场。说起门迎，你可能觉得不值得专门讨论，那不就是弄两个漂亮小姑娘往门前一站，对着顾客点头哈腰、说一句“欢迎光临”吗？这还有气场这么一说吗？

如果你真是这么想的，那就大错特错了。门迎对气场的影响，不亚于商品质量对气场的影响。从顾客接触你这个店铺的程序来说，这是第二道。尽管顾客对你店铺的第一印象可能还不错，如果你的门迎没有做到位，或者说让顾客产生了“不爽”的感觉，那么这个门迎就是失败的，给店铺的气场减分。

形象与店铺相配搭

选择什么样的人当门迎，以什么样的方式门迎，这是摆在你面前的两个问题，要想解决这个问题，掌握一个原则即可——相配搭，即店铺的门迎和店铺的营销风格、商品风格不能格格不入，而应该相映生辉。

什么叫相映生辉？说起来容易，做起来可能就会难一点。在此，我举个例子来说明：如果你销售的是时尚类的商品，那么店铺的门迎小姐形象就可以是时尚的；同样的道理，如果你的店铺提供的是比较典雅的商品，那么门迎人员就不能穿得太花哨。

杜绝不该有的小动作

门迎是个相对清闲的工作，但并不意味着门迎人员的工作就可以随便。相反，门迎是店铺和顾客接触的第一批员工，直接关系到店铺的形象，所以一点都马虎不得。

遗憾的是，在很多时候，一些店铺的门迎人员却显得相当不专业，做一些不该有的小动作，比如两个门迎人员间打闹、吵嘴、吃零食、到处跑动、玩手机等，特别是在客流量相对较小的时间段，这种情况更容易出现。

在和一些门迎人员交流的时候，她们可能会告诉你："只要是有顾客进入店铺，我都会做好自己的工作，可是没有顾客的时候，就没有必要那样了。再说，做给谁看呢？"现在我来告诉你：这么做，就是做给周围的人看，包括那些走过店门口却没有进来消费的潜在顾客看。谁知道他们会不会有一天就成为你的顾客呢。如果你在他们面前没有表现好，还希望他们给你埋单吗？

》热情，但不要过分

门迎确实有招揽顾客的作用，但你要区分一个事实：招揽顾客，并不等于强拉顾客前来消费；门迎确实需要热情、大方一些，但不能跑到大街上去强拉人，尤其是要避免肢体接触。

不要以为门迎越是热情，顾客对你店铺的印象就越好，事实上正好相反。过分热情的门迎会降低店铺的气场，让顾客不敢进来，也不愿意进来。

》有特色，但不要离谱

如何设置有特色的门迎，很多店铺经营者一直都在考虑这个问题。综观我们周边的店铺，门迎几乎千篇一律，差别无非就是把小姑娘换成小男孩，或者是老年人等，这种改变从某种程度上确实能起到一定的效果，不过这种效果是短暂的，适用在店铺短期促销之中，而不适用在长期的经营上。

如果你希望我现在就跟你说出一个具有特色的门迎方案，可能你会失望。不过，我会告诉你一些思考的方法，根据这些方法，你可能就有好的结果。

第一，特色，就是区别于别人。比如门迎不一定要人，也可以改成憨态可掬的动物等。

第二，符合店铺的经营气氛。

第三，不要过分、离谱，比如开顾客的玩笑、吓唬顾客等，以免引起顾客的反感。

现在，不妨思考一下：你的店铺适合什么样的门迎呢？把想到的结果写在下面的空格中：

____

____

____

门迎应体现素质

门迎要有特色，这是很多人可以理解，也是能想到的。不过，很多店铺经营者还是忽略了一点：门迎也应该有素质，特别是男性门迎，更是应该注意这一点。

综观我们身边的门迎，常见以下不文明的行为，作为店铺经营者，应该自查一下，在自己的店铺是否也曾出现类似的行为：

随地吐痰，对于餐饮店铺的门迎来说，影响更坏；

抽烟，并乱扔烟蒂，在男性门迎人员身上比较常见；

和顾客吵架，男女门迎人员均存在这种情况；

没有使用文明用语，比如“请”“欢迎光临”“谢谢惠顾，欢迎下次光临”“慢走”等；

在顾客走后说他们的坏话，比如“那个顾客像是个同性恋”“那衣服是从地摊上淘来的吧”“开的那车真叫一个次啊”……

没有微笑，这种情况比较常见，很多门迎人员在接待顾客的时候，只是机械地说出一些接待用语，没有半点的微笑；

……

类似的情况还有很多，这都是门迎人员素质差的一种体现，如果一个店铺无法使用有素质的门迎人员，对于气场的削弱是很大的。

关于门迎的问题，我已经说了很多。那么作为店铺经营者的你，是不是还想到了其他的一些方面呢？不妨把它记录下来，以免以后忘记：

____

____

____

第四节 店员不能给顾客脸色看

“我最讨厌那些店员，脸不是脸，鼻子不是鼻子的，好像谁欠着他似的。”

“我就不明白这样的人也能开店，真不知道谁还愿意到他的店里消费。”

“给我脸色看？那就等着我给她颜色看吧！”

……

你是不是经常听到类似的话，或者你自己的家人曾经就遭受过被店员冷眼相待的情况？被店员给脸色看，对于购物者来说，这无疑是一件很郁闷的事情。都说花钱买开心，凭什么这些店员要做出这样的举动恶心顾客呢？

或许你会告诉我：店员也是人，也有自己的情绪存在。不过这些店员是否接受过相应的培训，知道自己是在工作呢？

或许你还会告诉我：可能是顾客的不对，店员才会给他脸色看。是的，顾客有很多不对，那么店员是不是一整天都要给别人脸色看呢？换一个角度来说，如果顾客都对，那还需要店员守在店里做什么呢？直接把店铺改成自选超市不是更好。

或许你还会告诉我……

行了，如果你仅仅站在店员的角度来看待这个问题，理由还有很多，不过我们今天应该站在店铺气场的角度来看待这个问题，也就是说你必须考虑一点：店员该如何做才能提高店铺的气场？

我想你会得出一个答案：店员不能给顾客脸色看。尤其要注意以下几个情况：

当顾客还价时

顾客还价，意味着店铺的利润空间受到压缩，也有可能让店员的提成、薪酬受到影响。也正因为如此，很多店员一遇到顾客还价，就表现出很不耐烦的情绪，言辞之间就有一种赶顾客走的意思，让对方尴尬不已。

情景范例　我都说了50块不卖，你没听到吗？

周末，王小姐带着自己的母亲去买衣服。走进一家店铺的时候，王女士看中了一件长款的T恤，王小姐觉得这件衣服无论款式还是颜色、质地都挺适合母亲的，于是便问站在一旁的店员。

王女士："你好，这件T恤多少钱？"

店员走了过来，看了看标签之后，回答道："打折之后85块钱，您需要我给您打包吗？"

王女士觉得有点贵，便想砍价："这么贵啊，能不能便宜点啊？"

店员听到王女士砍价，脸上立刻"晴转阴"，冷冷地抛出一句："对不起，美女，我们店不讲价！"

王女士感觉很不舒服，又问店员："50块钱，到底卖不卖？"

店员一听到王小姐又在砍价，便头也不回地回答道："我都说了50块不卖，你没听到吗？”

遭到冷遇的王小姐当即和店员吵了起来，引来了众人的围观。最后，店长出面才把这件事情解决。但店员的言辞已经给自己的店铺造成了很大的负面影响，很多原本想进去看看的顾客也都纷纷走开。

店员出价，顾客砍价，这是一种合理的逻辑。谁都希望买到物美价廉的商品，换做店员是顾客，遇到这种情况，也会选择砍价，那么别人是不是也应该摆脸色给她看呢？只要一个简单的换位思考就能想明白的问题，很多店员却始终没有这么去做，确实很遗憾。

当顾客对商品表示不满时

店员向顾客推销的一些商品顾客并不一定喜欢，而店员总是希望顾客能够接受自己的推销。一个想要销售出去而卖力地推销，另一个则不喜欢这个商品并且表现出不屑一顾的表情，这种巨大的反差使得很多店员心理上无法接受，最终给顾客摆了脸色，损害了店铺的气场。

情景范例　这个商品不入我的眼

手机柜台前，某品牌手机的店员正在向顾客竭力地推销一个新款手机。

店员：“这个手机真的很不错，款式又新，功能又全，挺适合你的。”

顾客：“我不喜欢这个，它根本不入我眼。”

店员：“是吗，那你就随便看看，寻找能够入你眼的去吧。”

很显然，店员这么说就是在给顾客摆脸色看，甚至以“法眼”这个字眼反击顾客。自然，作为顾客，听到店员这么说的时候，也只有选择离开了，而且是永久性地离开，再也不想回来。那么对于店铺的气场来说，是一种多么大的损失！

当顾客犹豫不决时

当顾客对某件商品犹豫不决，不知道是买下还是放弃的时候，很多店员就有点不耐烦了，特别是在经过长时间的推销之后，见顾客还是犹豫不决，反感的情绪就会急剧增加，进而给顾客摆脸色看。作为店铺经营者，这也是你应该注意的一种情况。

情景范例　那你再考虑考虑吧

某品牌电脑的展位前，店员已经向一个顾客介绍了一款电脑达半个多小时，真的可谓是“好话说尽”，顾客却还是犹豫不决，不知道自己是不是该买下，还是再看看有没有更好的。

店员：“这个电脑的配置我都跟您说了，刚才您也试用了，您还有什么想要知道的吗？”

顾客：“我还得考虑考虑，考虑清楚了再下手不迟。”

店员（明显不耐烦的情绪）：“行、行、行，那你再考虑考虑吧，考虑完了再叫我。”说完迅速转身去招呼另外一个顾客。

顾客犹豫不决，说明店员应该加大推销的力度，最终促使成交。而他一句“你再考虑考虑”，无疑抛给对方一个烫手山芋：在这里考虑也不是，不考虑也不是，唯有选择离开，到处再看看。很显然，这个店员失去了这个顾客。

当顾客提出异议时

当顾客在接受店员推销商品的时候，内心总是有一股“怀疑”的情绪存在，而且很容易把这种情绪表现出来。“你没骗我吧”“怎么和我听到的不一样”“我觉得不是这样的”“你没有说实话”……这些话很容易脱口而出。

面对顾客的异议，是不是所有的店员都能保持情绪，依然和颜悦色地对待呢？不一定。

情景范例　我自己的东西我还不知道吗

店员和顾客在一件衣服面前站定，顾客开始查看这件衣服。

顾客：“这衣服是纯棉的吗？”

店员：“是的，上面不是写着的吗？”

顾客：“我怎么感觉不像啊，手感不是特别好。”

店员：“怎么会呢？我们都是正规厂家的产品，不可能有假冒伪劣的情况存在。”

顾客：“是吗，很多店铺都这么说，可最后还是骗人的，我们都被骗怕了。”

店员：“我自己的东西我还不知道吗？”说完不再理会顾客，转身离去。

转身离去，不再理会顾客，这就是情绪的一种表现。毫无疑问，当店员有这种表示的时候，顾客在绝大多数的情况下都会选择离去。对于店铺来说，这就是一种损失。

》当顾客表现情绪时

顾客在购物的时候，心情不一定都是愉快的，受到各种因素的影响，情绪也会出现波动，比如堵车、和别人产生口角、和陪同人员意见不合等。在购物的过程当中很容易把这种情绪发泄出来。遇到这种情况，店员该如何应对呢？自然不能针锋相对，否则交易就无法促成，店铺的气场就会受到损害。

给顾客摆脸色，尽管很多时候店员不是故意的，但这确实是一种不够有气场的行为。作为店铺经营者，应该意识到这个问题，并且切实进行改正，给店铺气场的提升一个十足的理由和动力。

7 第七章

你不能不知的“商品气场”

提升店铺的气场，要照顾到店铺的面子，这是我们前面一章说到的内容。那么是不是做好这一点就可以了呢？不是，还得做好一点：关注商品的气场。

商品也有气场？是的。可能这是你第一次听说这个理论，不过它已经影响你店铺很长时间了。很多店铺的营销者并没有意识到这一点，所以在商品的选择、品牌的选择、陈列、摆放等问题上一直没有做到位，商品的销售就会出现一些问题，店铺的利润、气场都会受到影响，严重的会影响店铺的生存。

商品的气场，不能不去关注，它也是提升店铺气场的一个重要因素。

第一节 品质，商品气场之源

说到商品，品质永远是摆在第一位的。一个店铺如果出售的商品是假冒伪劣的，或者和宣传效果不符，定会遭到顾客的抛弃，店铺的气场自然会受到很大的削弱。

也正因为如此，几乎每个店铺都在向顾客宣传：我店铺里的东西都是正宗的、品质一流。他们似乎觉得只有这么做，店铺的商品才会被顾客所认可。这么做自然无可厚非，不过要想取得顾客的信赖，也得讲究一些技巧，这对于提升店铺的气场是非常有帮助的。比如说以下几点：

商品质，不要说成"完美"

商品的品质需要通过宣传才能被顾客所知晓，这是毫无疑问的。你在这么做的时候，很容易进入一个误区：过度宣传。把商品的品质说成是完美无瑕的。很显然，这么做并不能真正让顾客相信你的话，反而会怀疑你是在欺骗他。

每个商品都会有一些缺陷和不足，这是人所共知的，在推荐商品的时候不要犯上述的低级错误，让顾客笑话，削弱店铺的气场。

情景范例 这么完美的商品我可不想要

某店铺柜台前，店员正在向一个顾客推荐一款商品。店员凭借自己的口才，把商品说得天花乱坠，顾客却微笑着看着店员，像看个笑话一样。最终，他忍不住开了口："你说了这么多，无非就是想告诉我你给我推荐的这款商品是完美的咯，如果我不买，就会失去一个拥有完美产品的机会，是不是这样的？"

店员以为顾客终于被自己说动心了，连连肯定："是的，是的，我就是这个意思，如果我是你，我肯定会买这款，因为它真的是太好了，你看看，这颜色、款式、功能……"

顾客："谢谢你了，这么完美的商品我可不想要。"说完，顾客就要离开。

"为什么？"店员显得有点不可思议，连忙问顾客。

"它那么完美，不就显得我不完美了吗？"顾客和店员开了个玩笑，然后笑着走向店门，头也不回。

很多顾客在选购商品的时候是相当理性的，如果你希望通过这种"天花乱坠”的推销方式把顾客“迷住”的话，失败的几率会很高。最重要的是，顾客会觉得你的店铺“信誉度”不高，不值得信赖。

》正视同类产品的品质

“此好彼坏”也是店铺经营者经常会用到的一种推销方法，即通过打压对手商品来提高自己商品成交的几率。暂且不说这种做法是不是有些自私，就从顾客的角度来说，他们是不是能够接受呢？有的能，有的不能。

美国“商品推销管理协会”曾经做过一个类似的调查，结果显示，有71.5%的人表示不会接受“此好彼坏”的推销方法，而且随着人们购物理性水平的提高，这个数字还在进一步增长。

通过这个调查，你是否意识到什么问题了呢？对，在宣传自我商品品质的时候，一定要正视同类商品的品质，选择公平竞争的方式，而不是自私地诋毁对手，以树立自我形象。对手不会答应，顾客也不愿意埋单，何苦呢？

请公平公正地对待对手，这对你提高店铺的气场利大于弊。

》品质，让顾客自己认可

商品的品质到底是好还是坏，谁说了算？看到这个问题，你会毫不犹豫地回答我：顾客说了算。

回答得很对，不过在日常的销售过程当中，你是否也会依据这一点来宣传商品的品质，说一些诸如“我说了不算，您用了就知道了”“您自己认可就行”的话，让顾客觉得你是一个诚实可靠、足够实在的人，从而提高店铺的信誉。

在很多时候，自动指出商品的一些不足之处，能快速赢得顾客的信任，提高商品的销售量。

情景范例

圣诞糕点碎了很多

临近圣诞节，日本“山本”糕点店为了迎合市场需要，从糕点公司进了一批专门针对老年顾客的低糖低脂糕点，可是收到货的时候才发现，里面的糕点都是破碎的。原来在运输过程中因为过于颠簸，这些糕点又比较松软，所以出现了破碎。

圣诞糕点碎了很多，但因为没有弄脏，并不影响食用。如果能够让顾客意识到这一点，再次销售不会有太大的问题。糕点店的老板山本一郎决定坦诚相待。

首先，他贴出广告，说本店有一批老年蛋糕因为运输不当，出现不同程度的碎裂，因此，特进行降价促销。其次，山本一郎还根据自己商品的破碎情况，进行了分类，并且对不同破碎程度的商品界定了不同的促销力度，从8折到4折不等。最后，山本一郎还准备对这些商品进行二度包装，以保证老年顾客能顺利将商品拿到家。

在做好这些准备之后，“山本”糕点店的促销活动开始了，店员对每一位前来购买糕点的顾客都进行了一番解释，并且还主动指出这些糕点的破碎程度以及降价幅度。虽然是次品，但是却赢得了老年顾客的欢迎，一些老年朋友还一连购买了好几次，原因只有一个：店铺“主动出示缺陷”的促销模式打动了他们的心。

很快，这些次品就被抢购一空。

顾客的心理是很奇怪的，店铺营销者越是宣扬自己的商品质量有多好，他们越是容易怀疑；相反，如果你能主动展示缺陷，让顾客自己来认可品质，他们反而更加相信，购买力度更大。不仅如此，他们对店铺的信任会增加。

破损商品，及时清理

很多商品容易破碎，人们也能理解和接受，但并不意味着这些破碎的商品不会影响到自己的气场。如果你对此还没有深刻的体会，不妨试想一下：超市中有两堆水果，其中一堆摆放整齐、完好无损，而另一堆也摆放整齐，但其中却有一个或者几个烂苹果，如果是你在购物，你会选择哪一堆？答案非常明显。

商品的破碎，几乎每个店铺经营者都可能会遇到。无论是衣服开线，还是蛋糕碎了，抑或是玻璃杯摔烂了……及时地清理这些破损商品非常有必要。

第二节 抓住品牌，借势涨“场”

很多店铺都会销售一些品牌产品，如何利用这些品牌做好气场的文章，你并不一定知道。甚至很多时候你还觉得商品的品牌会和店铺自身的品牌产生冲突，所以对于引进品牌商品一直犹豫不决。

有这种想法的人并不少，你没有必要为自己的这种做法而觉得难过。要想改变自己很简单：跟随我的思维，了解如何抓住商品品牌，提高店铺气场的方法，接下来把它切实落到实处，基本上就可以大功告成了。

品牌，一定要响亮

利用商品的品牌来提高店铺的气场，刚开始你会觉得有一些难度：几乎每个商品都有属于自己的品牌，我该选择哪些？

答案可能你已经知道：选择品牌响亮的、具有代表性的。真正的问题是：你该如何判定一个品牌是不是够响亮、够有代表性呢？有一个很好的方法：调查，让顾客来替你做选择。

下面的这个调查表格或许能帮到你：

__________系列商品品牌喜好度调查表

顾客情况				喜好品牌			
性别	年龄	职业	收入	品牌 1	品牌 2	品牌 3	品牌 4

情景范例

果汁系列商品品牌喜好度调查表

顾客情况				喜好品牌			
性别	年龄	职业	收入	品牌 1	品牌 2	品牌 3	品牌 4
男	26 岁	营销	5000 元	汇源	统一	农夫果园	康师傅
女	22 岁	大学毕业生	2000 元以下	统一	康师傅	酷儿	娃哈哈

女	34岁	工厂女工	3000元	统一	农夫果园	汇源	康师傅
女	29岁	孕妇	—	汇源	农夫果园	统一	自制果汁
男	35岁	部门经理	6000元	汇源	统一	娃哈哈	康师傅
……	……	……	……	……	……	……	……

通过这个调查表格，你很容易就得出答案：在果汁方面，以下三个品牌是具有代表性的：汇源、统一、农夫果园。

当然，在此我只是做一个示范，涉及具体的商品、具体的区域，你得根据实际的调查结果进行，不能主观臆断。

对于商品，不同的年龄层、性别、职业和收入的人，喜好程度是不一样的。在调查表格中之所以要体现这些信息，无非就是让自己明白销售哪些品牌潜在顾客最多，最能提升店铺的气场。

》系列品牌，最好齐全

刚才我们说到了，品牌要选择那些响亮的、具有代表性的，这里又说最好齐全，这不是前后矛盾了吗？

其实不是。这里所说的齐全，并不是指某类商品所有的品牌，而是系列商品的品牌。比如饮料类的品牌，有果汁类的、矿泉水类的、碳酸饮料类的、奶制品类的等。这是一个系列，最好不要脱节，让顾客乘兴而来，败兴而归。

》品牌之间最好互补

现代社会，同类商品很多，很多店铺为了追求所谓的品牌齐全，几乎把所有的商品都摆到了架子上，目的很简单：让顾客可以尽情地挑选。事实上，从顾客购物心理上来看，面对这么多的同类商品，他们往往会表现出麻木、不知道该如何选择，最终甚至放弃。这就给我们提了一个醒：同类商品不要摆放过多，在选择品牌的时候最好判断一下：两者之间是不是具有互补的关系，而不是竞争的关系。

》问题品牌，尽快下架

品牌的经营难免会遇到一些困难和挫折，这不仅仅对于品牌本身来说是一种损失，而且对于销售这个品牌的店铺，也是一种损害。遇到这种情况，只有一个办法能把损害降到最低：顺应潮流，尽快下架问题品牌，不要让顾客觉得你的店铺是一个“黑心店铺”。

情景范例 祸起双汇火腿肠

2011 年，火腿肠的品牌产品——双汇经历了一次生死考验，一时间，出现了谈“双汇”而色变的情况，无论是超市，还是小卖部，纷纷下架双汇产品。唯独有一个超市，认为双汇是老品牌，不会就此倒下，今天下架，明天又上架，是很麻烦的一件事情，所以坚持不下架。

原本这家超市销售情况良好，遗憾的是，就是因为双汇事件，让顾客“认识”到了一点：这家超市从来就没有为消费者的健康考虑过，甚至出售国家已经明令下架的商品。尽管这个超市很快放弃了双汇，但为时已晚，媒体紧跟而至。原本的老顾客在表示大失所望之后，选择了更远一点的另外一家超市。

经过劫难的双汇并没有倒下，重新站了起来，它凭借的就是良好的改正姿态，以此来保住品牌。遗憾的是，这家超市不懂得这么做，而是逆潮流而行，最终只有折戟一个结局。

问题品牌，就是店铺商品气场的一个炸弹，应尽快远离，绝不能靠近。

确立自我品牌

通过品牌，提高商品的气场，这种事情几乎每一个店铺都可以去做，而且只要用心，都能做得很好。然而另一方面，如果仅仅依靠这些商品的品牌，无异于店铺的品牌被劫持了。如果有一天，这些品牌不在了，或者出现了什么问题，店铺的气场自然也会受到波及。

怎么办?

解决办法只有一个：确立店铺的自我品牌。不明白什么意思？没关系，我来举个例子你或许就明白了：

作为一个大型的零售超市，家乐福销售的商品品牌有成千上万个，而它并没有被任何一个品牌劫持。原因很简单：家乐福本身的品牌已经确立，而且被顾客所认可。同样的道理，天天低价的沃尔玛，也是如此。“天天低价”就是沃尔玛的一个品牌，人们不管里面卖的是什么样的品牌商品，只知道是沃尔玛里面的。

确立店铺自我的品牌，品牌商品就会找上门，顾客就愿意登门，这就是一种气场，你的竞争对手抢不走的气场。

第三节 陈列，不是简单地摆放

在计划经济时代，商品基本上没有陈列一说。店铺经营者简单地把商品往柜子里一摆，只不过是想让顾客知道自己这里供应什么商品。不过，这种年代已经离我们远去很长时间了。我们不仅要把商品摆放出来，告诉顾客我们这里提供什么，而且还要通过商品的陈列，加大顾客的购买欲，提高店铺的气场。

商品的陈列有这么大的“能耐”？是的。如何做到这一点？不要急，效仿以下几点即可：

》清晰的货品分区

合理、清晰的货品分区方式，可以起到展示货品、提升品牌形象、营造购物氛围、提高销售的作用。货品的分区可能是你最先接触到的陈列问题，也是最为重要的问题。分区不明，顾客很难找到自己想要的商品，第二次就不愿意再进来。

如何做到清晰的货品分区？我来告诉你几个原则：

◎ 不同功用的货品分别摆放

功用完全不同的货品，原则上不应摆放在一个区域内，这是货品分区的一个大原则。如大型超市里，食品是一区，家电是另一个区，服装又是另外一个区等。这样的货品分区能够让顾客在最短的时间里找到自己想要购买的商品。

◎ 功用相同的货品分类摆放

如果是功用相同的货物，在同一个区域内应该分类摆放。举个例子来说，服装区域，男士服装、女士服装、儿童服装等，都应该分类进行摆放。切忌把不同风格的服装堆置在一起，不仅占用空间，给顾客造成卖场十分混乱的印象，而且顾客在找寻需要的货品时，也比较费劲。

◎ 同类货品高低档应区分不同

即对于同一类型的货品摆放，也应该有所区分，区分的标准就是根据商品的档次进行区分。同样以服装区为例，不能将不同档次的服装摆放一起，这样不足以凸显高档货品的独特之处。区分摆放时，应重点突出高档货品，让顾客能一眼就分辨出这是较高档的，而一些价位相近、档次类同的货品则可以放在一起，形成对比。

情景范例　沿用图书馆书籍分区方式的书店

某书店在学院路已经开了很多年，店主也是一个热爱书籍的人。他店中的书籍，种类很齐全，但就算是顾客第一次进门买书，也不用担心书籍太多而找不到自己要找的书。他店铺的书籍，按照功用和文体分门别类陈列。一架架正对着顾客进门的书柜侧面上，用显眼的标志牌标示出了本柜的书籍功用，如第一列是教育类的书籍，下分各个小门类，有英语、汉语、俄语等各种语言方面的书籍。此外文学类还按照文体进行分类，一列是小说，另一列是散文，小说下还根据作者的年代或者是代表性年份进行分类，有古代小说、现代小说、当代小说、外国小说等，其中还有很多网络流行小说自成一列，下分成玄幻类、流行类和历史类等。

店主将这些书籍进行细致的分类后，顾客挑选自己的书时，找到相对应的那列书架，再根据小区别进行甄选即可。店内的人流不算小，但结账处却一点不显拥挤，顾客找书快，自然结账也快。最重要的是，读者都喜欢到他的书店来购书。和大图书城相比起来，这个书店很小，但店铺的整体气场一点也不弱。

》色彩搭配

进超市或是服装店，首先映入眼帘的是店内商品的色彩搭配，若商品琳琅满目且色彩丰富，立刻就能让我们停下步伐慢慢欣赏。色彩不仅可以表现情感，还能刺激视觉注意力并由此快速传达商品的某种信息。

商品的色彩搭配，不仅要选择易于记忆、便于辨析的色系作为主色调，或者以单纯的色系来展现商品的本质属性和个性风格，还应从消费对象的审美观、商品理念和文化层次定位商品的包装色彩，以此更好地迎合顾客的消费观念。

那么如何进行色彩的搭配呢？别急，现在我就来告诉你：

◎ 对比配搭以突出重点

对比色彩就是相隔较远的色彩相搭配，那样有助于凸显重点，吸引顾客注意力，如黄色与紫色，红色与绿色。但在进行色彩搭配时应该明确这么搭配的目的是为了凸显出哪一部分，万不可把冷色调的商品色彩搭配在一起，如深褐色、深青色一类的服装就不能和黑色搭配在一起，这样容易产生和黑色抢色的效果，从而让整套衣服没有亮点，失去顾客的关注，还会让整套衣服给人一种沉重、无力的整体感觉。

◎ **注意销售环境和购买人群**

在什么样的销售环境下，就需要搭配出什么样的色彩风格，热烈的环境就需要鲜明的色彩陪衬，冷静安定的环境则搭配高雅的色彩风格较为合适。用色彩手段烘托所要包装的商品，一定程度上能起到冲击顾客视觉的作用。此外，色彩搭配还需考虑购买人群的文化品位，区别对待。

◎ **遵循色彩搭配原则**

学会自如搭配色彩，对商品的外在形象有很大的促进作用。只要掌握色彩搭配原则就能轻松搭配并取得不错成绩。色彩搭配原则即一些色彩搭配的固定模式，遵循这种既定的搭配模式对商品而言是有利无害的。如大众色——白色虽可与任何色搭配，但真想要取得不一样的效果就需要一定的技巧了：红白搭配给人一种大方热情的感觉，而白色与象牙色搭配则可以充分展示自我的个性。再如蓝色，在所有颜色中蓝色是最难搭配的色彩，一般人会将它与白色搭配，营造一种轻盈的、清纯的气质，其实它与淡紫色搭配则不仅有一种微妙的感觉，还显得高贵神秘。

情景范例

不是上衣的错

某服装店铺主推一件嫩绿色的新款上衣，这是今年最新流行的款式。店长相信，这款衣服一定能够大卖。不过在陈列的时候，遇到了一个难题：这个款式的衣服只有一件上衣，不合适单独挂在模特身上，所以得选择另外一条裤子或者裙子进行配搭。店长琢磨了半天，终于选定了一条深紫的百褶裙，作为下半身的搭配服装。

刚刚把这套配搭好的衣服挂到橱窗里，就有很多顾客进来看。只是很多人也只是进来看看，并没有购买，也不说是价格太贵还是质量不好。

过了很长时间，橱窗内的衣服还是一件都没卖出去，这可急坏了店主，她怎么也想不明白到底是哪里出了错。一天，一个顾客在橱窗外不经意说了一句：衣服款式还可以，不过这搭配的色彩好显老。

原来如此！衣服没有卖出去，并不是那件上衣的错，而是整体的色彩搭配不当。店长立刻请教懂行的人，挑了一条嫩黄的纱质裙搭配。结果刚挂出去一天就被顾客买走了，而且还没有还价。

整齐、有形

进入一个店铺，你很可能会看到一些商品被码堆成很多好看的形状，比如圆形、S形，甚至是一些让人匪夷所思的形状。暂且不说这些商品是不是真的就比同类商品好，至少整体有形的码堆就抢占了很多的气场，赢得了顾客的青睐。

商品的陈列，最基本的要做到两点：

◎ 整齐

不管是什么商品，当它要上展示柜台给顾客选择时，最首要的一点就是商品摆放要整齐，这不仅表现出店员的起码工作态度，更是店铺对顾客尊重的一种外在表现。最重要的是，整体的商品摆放能够给人一种强大的气场。相反，凌乱的商品只会让人觉得是“处理货”。

◎ 有形

商品的摆放不能只整齐就算服务到位，还可以根据商品特性构思一个独一无二的摆放造型，以加深顾客对该商品的印象。造型越独特、越贴合商品广告理念，越能深入顾客的心中，这样也就达到了另一种广告的目的。比如很多书店进行码堆销售，就经常把书码成各种各样的形状，以吸引读者。

情景范例　　**象征爱情的巧克力爱心**

临近情人节，某超市为了吸引更多顾客的光临，特推出情人节买巧克力送情侣玩偶的促销活动。在巧克力展示台，一个用巧克力拼凑成的爱心形状很醒目，爱心形状的背后则是货品摆放，采用逐层累积交错的方式往上摞，四周码放得整整齐齐，旁边不时有店员在整理着，即使是顾客多的时段，那个爱心形状还是没有一丝混乱的迹象。一时之间，周围的人都被这个巨大的巧克力爱心吸引了过来。自然而然，该店的销售业绩开始直线上升，特别是巧克力销售更是冲到了该店的销售榜首。

特色陈列

什么是特色陈列？顾名思义，陈列的时候要根据商品自身的特点或者附加属性，讲究一定的特色。

特色陈列体现在哪些方面呢？或许你曾经遇见过，却未曾仔细思考过，现在，不妨系统地了解一番，总的来说，体现在以下两个方面：

◎ 促销商品突出陈列

商品的促销活动对顾客的吸引力是非常大的，即使顾客当时没有购买某一项商品的欲望，只要一看到宣传海报的促销通知，立马会被激发起购物欲望。自然而然，这个时候，你希望更多的顾客看到你的促销产品，最大限度地吊起他们的胃口。所以，突出陈列显得非常有必要。这一点，不用说太多。

◎ 私密商品小面积陈列

什么是私密商品？简单点说就是涉及顾客隐私的，或者所购买的商品会让顾客觉得不好意思的，都属于私密商品。比如成人用品、女性用品等，在对这些商品进行陈列的时候，一定要注意一点：保护顾客的私密。

情景范例　**顾客在抗议**

某小型超市经营门类多样，凡是居民所需的，店内都有陈列，包括成人用品类商品。一天，小区管理员过来找店主，说是有事情要商量。原来小区内不少有孩子的家长反映，店内的有些成人商品陈列太显眼，很多时候小孩子去买东西都拉着家长问那是什么、干什么用的，让家长很为难，大庭广众之下，也不知道该怎么回答。

原来，店主一开始是把成人用品摆放得比较隐秘，但很多想购买的顾客老抱怨说店主把东西藏得太好，经常找半天还找不到。这么说得多了，店主就索性把成人用品放在结账处的玻璃柜台内了，一些情趣用品也就陈列在一起了。很显然，成人用品放在结账处是通用做法，但把造型夸张的情趣用品也一并移过来，店家未免就太不过脑子了。

》符合人体特征

在前面我们就说过了：商品陈列并不是简单的摆放。其中的内容除了上面几点之外，还有一点你可能会忽略掉：陈列的时候一定要符合人体的特征，即我们常说的人文主义的关怀。什么意思呢？道理很简单：商品的陈列要符合顾客的一些生理、心理上的需求。举个很简单的例子：儿童零食类商品，就不应该把它们摆放在很高的货架上，以免不便于孩子选购。

想想看，自己在陈列商品的时候，是不是忽略这一点了呢？

情景范例 **货架也有“风水”**

步步高升鞋业开业有一段时间了，店主发现了一个问题，那就是商品的售卖情况太不一致了，特别是摆放在货架齐人高位置的商品，卖得比其他商品明显快多了。这是为何？都是同一品牌的鞋子，价格相差不多，只是款式和摆放位置不一样而已。他试着把原先摆放在货架底层、长时间无人问津的鞋子放在齐人高的货架上，结果刚摆上销售就日渐见好。

原来货品陈列也要根据人体特征来设计，而他感到有风水的最走俏货架，就是因为该层的高度刚好在人的眼睛位置，方便顾客挑选，所以商品才卖得特别快。他知道这一诀窍后，将店内的商品陈列经过一番大整改，将最好销的品种摆放到最有利的位置，使两个有利因素叠加，提高成交几率，果然每天利润大增。

第四节 介绍商品要贴近顾客

当顾客在选购商品的时候，店铺人员的介绍是非常有必要的。这样做有两点目的：

第一，帮助顾客准确地选择自己想要的商品。

第二，通过介绍，彰显商品的气场。

第一点很好理解，可是对于第二点，理解起来就有些费劲了。为什么通过对商品的介绍就能彰显气场呢？说白了，就是通过介绍商品，让商品的优势更加契合顾客的需求，从而提高成交率。

举个很简单的例子：对于一件商品，如果没有店铺人员的介绍，顾客的购买几率可能是10%，通过介绍，概率可能会增加到70%。从10%到70%，这就是一种气场的提高。

如何能够做到这一点？现在你最关心的问题可能就是这个了。如果用一句话来概括就是：介绍商品时要贴近顾客。分开来讲有以下几个方面的内容：

从满足需求角度介绍

每个商品都能满足顾客的某种需求，这是肯定的。尽管很多店铺人员意识到这一点，但在介绍商品的时候却没有利用这一点，而是仅仅告诉顾客：自己的这款产品性能有多好、功能有多强大、质地有多优良，等等。

或许你觉得自己能够通过这些促进顾客购买，事实上效果不彰。为什么？顾客对于你所介绍的这些是陌生的，甚至是反感、持怀疑态度的。认为你有“王婆卖瓜”的嫌疑。

那么到底该如何介绍最为合适呢？从满足需求的角度入手最好。在日常购物的时候，我们常常会听到类似的对话：

“您买了这件羽绒服之后，冬天去早市上买菜再也不会怕冷、感冒了。”

“这款纯平的电视放在你家客厅，既能满足看电视的需求，又不会太占面积。”

“有了这台电动自行车，您再也不用每天挤公交车上班了，多惬意呀。”

……

在你介绍商品的时候，请你记住一点：顾客选购商品是有需求的，你介绍商品，就应该从满足他们的这些需求入手，这样更能打动顾客。

另外还有一点：这些需求一定要贴近顾客的日常生活，不要说一些太遥远的、不切实际的需求，那样反而效果不好。

从面子角度切入

刚才我们讲了顾客购买商品是为了满足自己的需求，可能你只是想到了物质上的需求，实际上不仅仅如此，还有精神上的需求，比如满足自己的虚荣心，让自己显得非常有面子……那么在介绍商品的时候，也可以从这个角度切入，效果一般也很不错。

情景范例　被“忽悠”的顾客

某品牌手机柜台前，一个顾客犹豫不决，始终无法下定决心购买店员推荐的那款手机。这是一个新款的手机，样子很漂亮，功能也很齐全，唯一的不足就是价格太高，对于顾客来说，购买这款手机可能要承担比较大的经济压力。

最后，店员在了解到这个顾客还没有女朋友的时候，便对他说：“帅哥，相信我的推荐，没错的，这款手机显得你很有品位，周围的女孩子一定会更加喜欢你。”

简简单单的一句话，顾客动心了，最后咬咬牙，买下了这款手机。

到底是什么促使这个顾客最终买下手机？不是店员，也不是手机，而是他内心的虚荣、好面子的本性。店员只不过是利用了这一点而已，便成功地“忽悠”了他，最终促成了交易。

》情谊关联

很多商品是用来送人的，为了表现送礼者的情谊。这是一种普遍的现象，也是我们在介绍商品时可以选择使用的切入点。目的非常明确：让顾客知道，选择了你所推荐的商品送人，会让别人觉得自己很注重这份情谊，从而达到交流、交际的目的。

如何借用情谊？这得根据不同的商品来进行不同的介绍。在此我们来举几个例子：

“你给她送了这套保暖衣服，她肯定心里暖暖的，一个冬天都不会忘记你呢。”

“你给他送了这么贵重的金首饰，交办的事情一定没有问题啦。”

……

类似的说法还有很多，可以通过临场发挥来达到目的。

8 第八章

营销气场，一句话难说清

在店铺经营的过程当中，你认为“不公平”的事情有很多。比如同样是销售某类商品，有的店铺总能在营销战中略胜一筹，而自己的店铺总是节节败退。同样是做促销，对手店铺尽管没有很好的营销方案，效果却很明显，自己的店铺明明很用心去做，却很少有人来光顾……

出现类似的情况，不要怪自己的运气不好，也不要怀疑对手在捣鬼。原因可能是多方面的，不过有一种情况最有可能出现：你的营销不够有气场，就像喝温水一样，始终提不起顾客的兴趣，自然效果也就不明显了。

如何提高店铺的营销气场？这是本章节内容要解决的问题。重拾心情，放下心理负担，跟我一起出发吧。

第一节 营销气场，关键在于销售力度

衡量一次营销活动是不是成功，你常用的判断标准是什么？

我想你会给我以下几个答案：利润、销售额、成交量等。其实这些标准都指向了一点：销售力度。销售力度大，营销活动就取得成功，反之就是失败。

提高销售力度，这就是摆在我们面前的一个难题。如何做到这一点，直接关系到店铺的营销气场，也直接关系到店铺的气场。这是一个连锁反应，你应该了解到这一点。

那么，影响销售力度的因素到底有哪几个呢？我们不妨来看看，比较明显的有以下几点：

》店铺自身品牌

前面我们说到商品气场的时候提到过品牌，你应该还记得一点：店铺可以利用品牌商品来提升气场。不过我们这里要做的是店铺本身的品牌。品牌效应好的店铺，在相同的投入下，销售力度相对比较大，品牌效应差的店铺尽管投入比别的店铺大，效果也不一定明显。

那么品牌小的店铺是不是就无法提升营销气场了呢？显然不是如此。我们可以通过自己的优势来提升品牌力，比如说价格优势、地理环境的优势、渠道的优势等。总之一个原则：用最少的投入，获得最高的回报。

》商品整体价格

我们都知道，同样的商品，在某些店铺，销售的价格很高，而在另外一个店铺，价格可能会很低。那么商品的整体价格受到哪些因素的影响呢？比如店面的租金、员工的薪酬、店铺日常的开支、进货渠道等。一旦商品的成本增加，价格自然也就不会低。

同物不同价，这是一个难以回避的现实，也给一些店铺提供了提高销售力度的途径和切入点。具体该如何做呢？我们通过一个案例来说明：

情景范例

降价打折双重优惠

泊美服装店和丽人服装店是两个实力相当的竞争对手，为了争取顾客的光顾，两家店铺不惜血本进行价格恶战。不过泊美的进货渠道更好，而且员工成本更低，所以在商品的整体价格上有优势。为了获得营销胜利，泊美服装店的亢老板决定使出撒手锏，彻底把对手打趴下。她的撒手锏就是：将降价和打折联系在一起，用真正的低价来吸引顾客！

于是在接下来的竞争中，亢老板改变了以往的竞争策略，摒弃了单纯的打折降价或者赠品促销，而是将降价打折和赠品促销紧紧地联系在了一起。亢老板贴出告示："所有来本店购买服装的顾客满100元可立刻享受八折优惠，并且还能获得由本店提供的精美礼品一份。"当然，此时的礼品自然是库存的另外一种商品，比如说库存的领带、纱巾、袜子等。根据不同的购物数量，给予不同的礼品。先打折再赠送，给顾客实实在在的双重优惠。此告示一出，立刻吸引了大批顾客的关注。

在双重优惠的驱动下，一批又一批的顾客自愿掏起了腰包，泊美服装店的亢老板乐开了花。

促销方案

促销，是营销一个不可分割的部分。随着店铺之间的竞争变得越来越激烈，促销的方法被使用得越来越多、越来越精到。也正因为如此，促销方案的选择也直接影响到店铺的营销气场。

如何选择合适的、有效果的促销方案？有三个标准可以帮你判断：

第一，是不是够新颖；

第二，参与者会不会多；

第三，购买力度会不会得到提高。

如果你的促销方案满足这三个条件，说明这个方案是可行的。

情景范例

今天是哪个颜色的鞋子打折

2011年年底的一天，温州市内的利尔康皮鞋店门口挂出了"分颜色打折"的特大招牌。所谓"分颜色打折"即不同的颜色实行不同的折扣标准。比如说黑色的是九折，而棕色的则是八折，对于一些比较少见的颜色如白色则是六折、红色的五折……而过了一段时间之后，不同颜色的打折幅度又不一样。

“这种促销方法能管用吗？”利尔康鞋店的员工问杨老板。无论店员怎么样质疑，杨老板都给予了肯定的答案：肯定管用，只要我们能够坚持。

刚开始情况并不乐观，分颜色打折的方案并没有给顾客带来太大的吸引力。为此利尔康遇到了历史上最冷清的时期。许多职工抱怨：“创什么新，干脆恢复原先的做法，制定虚浮价格，来满足顾客拣便宜的心理。”

听到职员们的抱怨，杨考虑：“以自己多年经营皮鞋的经验来看，此次打出‘分颜色打折’这招，是有点令人发寒的，毕竟这种方法以前谁都没有用过。可是没有人用过，说明自己有创意，只要时间足够，顾客肯定会理解并且接受的。”于是他还是鼓励自己的店员：再挺一阵子。

果然不出杨老板所料，时隔不久，利尔康鞋店门庭若市。许多顾客纷纷到店铺询问，今天是哪种颜色的皮鞋打折，以便能寻找到适合自己的购买时机。而更多的顾客则是随遇而安，无论是哪种颜色打折，只要合适自己的，就购买。这样一来，店铺的销售就开始火爆起来，店员们蹙眉锁眼的脸上也露出笑颜。

促销时机

我们常说时间就是金钱，意思就是要抓紧时间。不过在店铺经营上，这句话有另外一种解释：要抓对时机，获取更大的利润。

关于时机的选择，最为常见的就是节假日促销、店铺重要日子促销，比如开业促销、店庆促销等。其实，除了这两种时机之外，还有一种可以选择：事件促销，即把当下发生的事情和促销联系在一起，达到创收的目的。

情景范例

上北京旅游去

2011年10月1日，是中国62年国庆，“去北京旅游”是人们最直接、最强烈的愿望。

此前一段时间的“江汉美”服装店，因为投资决策失误，进了一批没有赶上潮流的货物，销售情况非常不好，库存开始积压。9月底，对于服装行业来说，马上就要进入换季时间，也就是说，如果在一个月之内，这些服装还没有销售出去的话，很可能会成为年度积压的货物，也就意味着亏损将会很大。

店铺的经理看着黑压压一片的库存，脑子飞快地转着：该如何快速销售这些衣服呢？一边想着库存，一边看着电视的他突然灵机一动：为什么不拿国庆这件事情做做文章呢?

想到就做到，他立刻联系了附近的一家旅行社，拿到了5个国庆期间到北京旅游的名额。并且他还联系到了一家生产国庆T恤的厂家，订购了100套印着62周年国庆图标的T恤。

第二天，店铺经理就在门口打出了一则促销广告：为迎接国庆，本店铺特举行有奖促销活动，凡在本店购买商品满60元的，可以有两种选择：第一种选择是免费获得一件国庆T恤；第二种选择是参加抽奖活动，奖品则是国庆期间免费北京5日游。

为了取信于顾客，店铺经理还把自己和旅行社签订的合同，复印出来粘贴在店铺门口。为了吸引顾客的眼球，店铺经理又买了一面鲜红的国旗，挂在店铺门口。随着迎风招展的国旗，门口走过的顾客慢慢地多了起来。

就这样，不到半个月的时间，店铺的库存商品销售一空，店铺经理紧蹙的眉头终于松开了。

第二节 选择有气场的营销员

营销是一盘棋，而营销员则是棋子，直接面对顾客。在整个的营销过程中，他们始终代表店铺在工作，一言一行、一举一动关乎店铺的形象，也直接决定店铺的营销是否有气场。选择有气场的营销员对于提高店铺的营销气场，是一个明智的选择。

想到这一点的人有很多，但真正能够做到这一点的却不多。或许你也是这些人当中的一个，原因很简单：不知道什么样的营销人员才是有气场的。

现在，我们就来探讨一下这个问题，争取让你有一个明确的认识。一个有气场的营销人员的身上，往往具备以下几个特点：

》能Hold住全场

Hold住，是时下一个非常流行的网络词，意思就是掌控全场。判断一个营销人员是不是具备气场，可以通过现场的掌控力进行。对全场的掌控，我们可以从三个方面来理解：

第一，不会怯场，这是最为重要，也是最为基本的；

第二，解决能力强，无论是遇到什么样的问题，都会想办法解决，而不是把责任往上推，让店长或者领班来解决；

第三，遭遇突发事件，能快速有效地处理，把店铺的损失降到最低。

情景范例

试用产品时发生爆炸

2011年9月，在某购物广场，顾客文先生准备购买了一台价值约1100多元的某品牌双盘式煤气炉，可是在试用过程中，煤气炉却发生了爆炸，炉具表面的玻璃钢全部炸裂，喷出的火焰不仅烧伤了文先生的头发、脸部，而且全身多处也大面积烧伤，因为当时天气还比较炎热，文先生身穿遇火易燃的薄丝面料衣服，而此时的商场促销员康韵成却因为到仓库拿货而幸免于难。

事故发生后，康韵成马上报了火警，并且立刻将文先生送到了附近的医院。在现场火警解除之后，康韵成又要求自己的同事用照相机、摄影机对事故现场进行了拍摄以备用。

在确认文先生的伤势得到好转之后，康韵成和商场负责人一道，和文先生就赔偿事宜取得了联系。可是，第一次的接触并没有取得成功，因为文先生要求商场给予20万元的经济赔偿。

在这样的情况下，康韵成建议商场负责人和此品牌的煤气炉厂家取得联系，并通知市有关质量监督部门、厂家技术部门前往出事地点进行现场鉴定与调查。最后，还通知警方介入调查。得出结论：本购物广场销售的某品牌煤气炉并无质量问题，引发该起事故的主要原因是顾客文先生在亲自试用炉具前没有仔细看该商品的使用说明书，操作不当。真相终于水落石出，促销员康韵成也因其沉着机智的表现受到商场负责人的嘉奖。

在这场事故中，康韵成表现除了超常的心理素质，不仅将事情处理得井井有条，而且还表现出了应有的冷静。这种冷静，就是一种强大的气场。对于店铺的营销活动来说，这样的气场多多益善。

多线程的热情服务

当营销人员面对一个顾客的时候，可能会表现得很热情，对顾客的要求都能尽量满足。不过一对一的服务模式是很少出现的，特别是在店铺比较忙乱的时候，要求营销人员进行多线程的服务，即一个营销人员同时为多个顾客服务。这时候，是不是还能做到热情自如呢？这也是衡量一个营销人员是否有气场的重要标准。

情景范例　大鲑鱼要和这位漂亮的太太回家去啦

在美国西雅图，有一家腥味四溢的鱼铺，不仅顾客盈门，而且连500强的CEO与著名政治要人都趋之若鹜，为什么？因为热情。

这家名叫派克的鱼铺，曾和梅林批发市场、朝阳街肉食店所有的鱼铺一样，虽有名字，但不出名，但自从被老约翰接手之后，这位新店主立意要让它改观，不仅要盈利，而且要出名。

老约翰首先改变鱼铺里不灰不白的视觉效果，将工作围裙一律改用明艳的大红色，其次改善营业员卖鱼时像鱼一样闷不作声的呆板状态，他发明了呼叫销售法，比如员工一边包装称好的鱼一边朗声叫道："这条大鲑鱼要和这位漂亮太太回家去啦！"

"这6只螃蟹要装进这位先生的袋子里啦！"

……

顾客多的时候，这些喊声此起彼伏，引诱得过路人也大多要走进来一看，并且不少人由走进来的一看变成了走进来的一买，而这些因改变工作状态而改变了工作心态的员工，不仅脸上有了笑容与活力，而且许多人工龄已达15年之久。

热情，此刻成了最大的气场之源。

》说服力强

说服力，是衡量一个营销人员能力的重要标准之一。说服力强，则成交率高，自然气场容易足；反之，气场就低弱。如何说服顾客前来购买自己的商品，这是很多人都在烦恼的一个问题。

提高说服力的方法有很多，你肯定也在很多地方学到过类似的方法和技巧，不过在此我还是要提醒一点：最有力的说服是用心去服务，为顾客着想，这是最为重要的。如果你不信，就来看看日本推销员小池是怎么做的。

情景范例　对不起，你们买贵了

日本的小池出身贫寒，20岁时在一家机器公司当推销员。有一个时期，他推销机器非常顺利，半个月内就同33位顾客做成了生意。之后，他突然发现他现在所卖的这种机器，比别家公司生产的同样性能的机器贵一些。他想：

如果客户知道了，一定以为我在欺骗他们，会对自己的信用产生怀疑。于是，深感不安的小池立即带着合约和订单，整整花了三天时间，逐个拜访客户，如实向客户说明情况，并请客户重新考虑选择。

他这种诚实的做法，使每个客户都很感动。结果，33人中没有一个解除合约，反而成了他更加忠实的客户。

这样的销售气场，又有谁能够阻挡呢？他的秘诀是什么呢？就是凭借自己的诚实赢得了顾客的心，最终也赢得了气场。

亲切、随和、微笑

气场，并不等于咄咄逼人，而是一种由内而外散发出来的自信。遗憾的是，很多营销人员在这一点理解上出现了偏差，在为顾客服务的时候，总是表现得“吆五喝六”，一旦顾客有什么特殊的要求，就表现得极不耐烦。这些无知的销售人员把这种行为当成自信、“拽”，甚至套上“反顾客营销法”的帽子，事实上，这是没有气场的表现，顾客不会买账，店铺也会受到伤害。

想想看，是不是如此呢？在这一点上，你做得如何呢？不妨趁此机会自问一下，把做得不好的、需要改正的、如何改正等内容写在下面的空格中：

____

____

____

第三节 满意的薪酬是气场原动力

前面我们已经说到，要想提高店铺的营销气场，可以选择有气场的营销员。从店铺的角度来说，这是一个不错的选择。不过你是否考虑过这样一个问题：现在店铺和营销员之间是一种双向的关系。店铺可以选择营销员，营销员是不是也会选择店铺呢？换句话说，要想使用有气场的营销员，你得找到自己店铺能够吸引他的地方。

什么最能吸引营销员？答案异常明显：薪酬，让他们心动的薪酬。薪酬，不仅能够吸引有气场的营销员，更是这些营销员提高气场的原动力。

可能你会觉得我这样说有些牵强，其实你可以试着回想一下，当营销员对自己的薪资不满意时，他们往往是什么样的表现，怠慢顾客？没有耐心？没有信心把工作做下去？随时准备跳槽？我想这些情况都是存在的，那么请问，感染了这些不良心态的营销员又如何能够做到有气场地销售呢？

情景范例　营销员极度需要重振士气

莉莉是一家店铺的主管人员，负责管理店中的几十名营销员。这家店由于前段时间销售业绩不佳，老板决定停业整顿一段时间。莉莉接管工作之前，店铺已经停业了较长一段时间，营销员正处于在家待岗的阶段。

在莉莉召开的第一次工作会议上，前来参加会议的营销员七零八落，很多过去有点业绩的营销员在这段时间早已跳槽到其他卖场，剩下的莉莉现在没有办法对她们的能力加以评价，但是能明显感觉到她们的气场严重不足。莉莉曾经也是营销员出身，她深知一点：一个营销员如果不具备一定的气场，销售工作很难做好。

面对眼前这支不成系统的队伍，再看看自己手头上老板下达的销售任务单，莉莉的心情跌至了谷底。俗话说新官上任三把火，但自己一点“点火”的柴火都没有，怎么能烧得起来？必须想个法子改变目前的状况，尤其是要激起店内营销员的气场，调动起她们的工作积极性。

然而怎样才能让士气不足的营销员重新燃起对工作的激情呢？莉莉通过与营销员谈心，从侧面了解到了造成士气不振的根本原因：因为前段时间销售业绩不好，所以她们的薪水非常低，即便是有的时候业绩比较好，但是还是那么一点薪水，反正做多做少都一样，干嘛还让自己累死累活地拼销量？

知道了问题的症结在哪里，就好解决了，莉莉决定重新制定一套营销员的薪水发放方式，改变以前固定工资的薪水制度，改用底薪 + 提成 + 年终奖的模式，每个营销员每天完成一定的销售额，就能从这些销售额中分得 1% 的提成，提成累积到当月工资中，按月发放，对于销售业绩突出的，年终还会发放一定的年终奖。

新的薪水制度，虽然薪水没有了以前采用固定工资模式时稳定，但是打破了以前“吃大锅饭”的氛围，对营销员形成了较为直接的金钱刺激，在营销员之间也形成了一定的竞争氛围。到了年终的时候，莉莉带领自己的团队不仅实现了预期的销售目标，还超额完成了任务，每个营销员也都收到了一个厚厚的大红包。

对于营销员，一般的店铺都会选择以下几种薪酬设置方式，现在我把它们归纳总结出来，好劣一眼便知。

》固定工资

这种薪水方式是指对营销员实行固定的工资制度，对其没有销售任务的限定，营销员的固定工资就是他的个人收入。

这种薪水方式的优点是：

（1）使用简单，使用过程中不需要考虑到营销员的业绩指标以及其他方面的指标，便于管理。

（2）能增加营销员的安全感，保证队伍的稳定性。

（3）可将重点放在物质以外的需求方面，如荣誉、地位、能力提升等，这种方式比单纯采用提成的方式具有更好的激励作用。

这种薪水方式的缺点是：

（1）对所有的营销人员实行统一的薪酬标准，容易形成平均主义的倾向，不利于良好竞争机制的形成。

（2）容易在营销员的心中造成做多做少一个样的印象，不利于对营销员的业绩进行评估，因此对有上进心的营销员难以具有吸引力。

》纯销售提成制

这种薪水方式中，营销员的报酬是按事先设定好的销售额的某一百分比来提取，这个百分比一般根据产品的销售量及其推销难易度来确定，其基本模式表示为：个人收入 = 销售额（或毛利、利润）× 提成率。

这种薪水方式的优点是：

（1）销售目标非常明确，薪水的透明度也非常高，能充分调动营销员的积极性，发挥薪水的激励作用。

（2）将销售过程中的风险完全转移到了导购人员的身上，大大降低了店铺运营成本的压力。

这种薪水方式的缺点是：

（1）不利于店铺的长期发展。这种薪水的发放模式容易让营销员只注重眼前的利益，只做能够立即产生效益的事情，因此对于与顾客建立良好的互动关系以及树立良好的店铺形象会造成一定的影响。

（2）不利于导购队伍的稳定性。纯销售提成制的薪水模式给营销员带来了巨大的风险和心理压力，如果导购不能实现预期的销售目标，就有可能选择离开，这对销售队伍的稳定性有一定的削弱。

基本底薪＋考核工资＋销售提成

这种薪水发放方式将营销员的收入分为了两部分，基本底薪和考核工资属于营销员的基本工资，提成指营销员的销售提成。这种薪酬模式对导购的销售定额有一定的要求，不管营销员是否完成销售任务，都能得到基本底薪；如果营销员当月完成了预定的销售额，则除底薪之外还可以获得一份考核工资；当月完成的销售额如果超过了预设的销售定额，则超过部分按比例提成。

这种薪酬方式的优点是：

底薪是营销员生活的基本保证，这种方式既让营销员拥有固定的工资作为生活的保障，同时又让他们的工资与自己的销售业绩挂钩，享受到了提成的刺激，让他们对未来的收入不至于产生恐慌，增强了营销员队伍的稳定性。

这种薪水模式因为克服了前两种工资模式的弊端，同时又吸收了两者的优点，所以被很多店铺广泛采纳，是目前最通行的营销员薪酬模式。但是这种薪水模式也有其弊端，主要表现在以下几方面：

（1）对于底薪与提成数目的设计不好控制，如果底薪设置过低，提成设置过高，容易让营销员产生自身不保的负面情绪，压力过大，而如果底薪设置过高，提成设置过低，又有可能导致营销员安于现状、不思进取。

（2）由于这种方式采用的底薪制度是基本底薪＋考核工资的双重标准，很容易造成底薪过高的局面。高底薪的出现，让多劳多得的良性激励方式得不到体现，对提升营销员的销售积极性具有极大的影响。

对于导购的薪水设计方式当然不止上述这几种方式，我们只是挑选其中几种较为典型的方式进行了一下阐述，至于具体的薪酬设计方式，还需要各位店铺老板根据实际情况再行定夺。

现在，基本的薪酬设置方式我已经罗列出来了，从中你还能看到优劣之处，这说明这些薪酬设置方式并不是万能、通用的，它们分别适合于不同的店铺。这需要作为经营者的你根据自己店铺的实际情况进行判断。

现在，我们就来做这件事情，把你的情况如实写在下面：

我店铺的实际情况：________________

____

____

我店铺适合的薪酬设置方式是：________________

理由如下：________________

____

____

第四节 广告也“疯狂”

说到营销，你自然会想到广告。是的，广告也是营销一个不可分割的部分。广告做得好不好，直接影响到营销的效果是不是理想。那么我们可以联想一下：如果我们选择一个有气场的营销广告，是不是就意味着我们的营销也能具备独特的气场呢？

答案是正确的。美国营销广告专家埃维尔曾经说过一句话：营销的气质，来源于广告的气质。

什么样的营销广告具备气场？这是本节要告诉你的内容。如果你认为自己需要了解，不妨安静地坐下来，仔细阅读这一部分。

免费

尽管很多人都知道天上不会掉馅饼的道理，但内心无时不在幻想着有一天自己能碰上这样的好事。这是顾客在购物时常有的心理，所以当你的广告语中出现“免费”“白送”“不要钱”等字样的时候，顾客就会不由自主地停下脚多看两眼。尽管你所销售的商品他们不是特别需要，也会因为想着“过了这个村可能没有这个店”而购买。

当然，你也可以把这种“免费”当成一种“福利”送给顾客，让顾客在享受“免费”之后，选择购买你的商品或者服务。这是一种先予后取之道。

情景范例　靠“免费”打败对手

台北有一家新开张的自行车店铺，因为周围已经有三家自行车店铺而生意清淡，更让这家店铺感到压力巨大的是，自己的三个对手频频举行促销活动，将顾客的眼光紧紧地锁定在自己的店铺里。

为了能打败对手，这家店铺的徐老板决定举行“免费服务”的促销活动。第二天，他和其他三个店员穿了一套非常引人注目的工作服，并且每人推着一辆自行车。在自行车上喷着非常鲜艳的颜色，并且在自行车后座上插了一面旗，上面写着：免费洗刷自行车，×× 车店敬告。

为了能吸引更多人的关注，他们将车子推到附近的各个社区进行巡回宣传。很多顾客都认为徐老板所谓的免费服务是骗人的，因为他所做的是一件傻事。可是终究有些人耐不住徐老板的宣传，抱着姑且一试的心情接受了徐先生的免费服务。这一试不要紧，徐老板热忱周到的免费服务让他们佩服得不得了，于是一传十、十传百，徐老板的免费服务传遍了街头巷尾。

当然，徐老板在免费服务的同时也没有忘记观察顾客的自行车，包括车子的品牌、性能、车况等，并且还推断出这辆车子还能骑多长时间。这样一来，徐老板就给顾客提出一些建议，比如说车子哪些地方该修理、哪些地方该换零件等。

经过这次免费的服务，徐先生和周边社区顾客的关系有了很大的提升，而为了回报徐先生的免费服务，一些顾客纷纷到徐先生的店铺修车买车。从此这家自行车店打开了市场缺口，占据了一席之地。

当顾客认同你的免费，并且开始接受你的商品或者服务时，意味着店铺已经获得了初步胜利和气场。或许这样的广告你见得并不少，不过你真的知道如何用、确定能够用好吗？不着急，先思考一番再付诸行动也不晚。

》省钱

“花最少的钱买最多的东西”，这无疑是顾客又一典型购物心理。你可能觉得有点不可思议，甚至说出“一分价钱一分货”来反驳这种心理。实际上没必要，顾客之所以这么想，无非就是想要省钱。

说到这里，你是不是想到了什么？是的，如果你的产品或服务可以帮助人们省钱，或者告诉顾客，如果在你这里消费，能比到对手那里消费省钱，效果一定不错。不过，千万不要忘记添上一个数字，相信会吸引更多人的眼球。比如“省钱 75%”、“省钱 150 元”……你在努力吸金的同时，也在赚取店铺的气场。

情景范例 加量不加价就是省钱

江老板的“实惠”火锅店刚开张不久，如何在对手林立的市场上站稳脚跟，这是一个非常现实的问题。更严峻的一个问题是：随着物价上涨、竞争加大，很多火锅店干起了“加价减量”的事情，使得周围的顾客都不太愿意进火锅店消费了。一时间，吃火锅，成了“傻子”的代名词。

鉴于此，江老板开始征求顾客的意见，他明白，只有知道顾客心里怎么想，自己才知道怎么做。

有一次，一位顾客非常气愤地对江老板说：“你的火锅店名字还是‘实惠’火锅城呢，我看一点都不实惠，甚至还像一个黑店，菜品的价格高了不少，里面的菜却少了很多，要加菜还得加钱，看来真不能再来吃火锅了！”

正是这一句无心的牢骚，让江老板找到了促销的方向：给火锅加量，但是不加价。这样，就完全和自己“实惠”的店名相呼应，效果肯定不差。尽管这样赚钱会少一些，但有利于自己的店铺赚取人气，站稳脚跟。

于是第二天，江老板就贴出告示：本火锅店为回馈新老顾客，特举行加量不加价的促销活动，凡是在本店消费的顾客，无论消费多少，都能享受这种优惠。并且，在告示的后面列出了各种各样的优惠条件……

刚开始，顾客还不太相信，等一些从里面吃完的人出来之后才大家发现原来这一切都是真的，于是街坊们不约而同地涌向了江老板的店铺。

» 健康

随着越来越多的人意识到健康比钱重要，越来越多的产品都想与健康挂钩，不求延年益寿，只要保证对健康无损害，就能让消费者多看一眼。这就给我们指明了另外一条路：在广告语当中凸显“健康”字眼，以吸引顾客的关注和购买。

关注健康，尤其要关注三个群体：老年群体、儿童群体、女性群体。如果你的广告能够针对这三类群体提出“健康”的要素，销售气场就能得到很大的提高。

想想看，你所看到的广告是不是很多都是如此呢？在此不妨把你看到的类似的广告都罗列在下，或许能够给你带来一些启发：

好处

有好处的事情谁不愿意做？有好处的店铺哪个顾客不愿意进去看看？

好处，是广告当中可以大量使用的一个字眼。消费者从广告中看到“好处”后，心情会很激动。所以即便是产品或服务有缺点，聪明的厂家也要引领消费者往“好处”想。

这里的好处可以分为两种：

第一，对自己有好处，比如前面说到的省钱、健康、快乐等。

第二，对别人有好处，比如能够帮助别人渡过难关、做公益等，这同样可以使用。

情景范例

“一元钱”超市

“一元钱”超市原名“新佳超市”，是一家新开的店铺。他之所以“被改名”，源于一次广告促销活动。

中国西部的贫穷和落后，所有人都看在眼里，也都在竭尽所能地帮助他们。特别是那里的孩子，上学这样一件平常的事情对于他们来说都是一种奢求。而“新佳”超市的郝老板正是在一次偶然的机会发现了这个情况之后，决定在自己的店铺发起“温情一元”的助学活动。这个活动非常简单，即顾客只要购物满38元，店铺就为西部的一所希望小学捐助1元。虽然只是小小的1元，如果放大到一个店铺的营业额来说，每天也能积累不少钱。说不定超市积累一天的钱就可以帮助一个西部贫困山区的孩子读完一年的书。

为了能让顾客了解到这些事情，郝老板专门去了一趟西部，用自己的照相机纪录下了西部一些孩子的贫穷景象——破败的校舍、缺胳膊少腿的桌椅板凳、陈旧的黑板以及那一张张淳朴而又消瘦的脸庞。

之后，郝老板专门将这些照片放大，挂在自己的店铺周围，并且在每张照片下面都标注了一行字，既是对照片做出解释，也是给顾客一个了解的机会。

在这些照片展览了一个星期之后，郝老板决定进行助学促销活动。每一位顾客，只要购物满38元，凭借购物发票就可以到服务台要求服务小姐往捐款箱里投1块钱。并且这个捐款箱的钥匙由希望工程的专人负责，每天的固定时刻，都会在顾客的监督下进行现场清点，并且将这个数目公布在店铺广告栏里，供顾客监督查询。

也许是受到了这些照片的感染，也许是大家都觉得自己应该为这些可怜的孩子做点什么，在接下来的几个月时间里，郝老板店铺的生意都比平常要好很多，营业额开始直线攀升。郝老板在帮助了贫困山区孩子的同时，也帮助了自己。

“我”“我的”

在很多广告当中，店铺都会请一些消费者进行现身说法，以提高店铺的信誉力。这种方法可行，但并不意味着所有的店铺都适合这种方法。

如果你觉得自己的店铺不适合这种方法，该如何改进呢？很简单，把“你”“你的”改成“我”“我的”。比如，“妈妈再也不用担心我的话费了……”这样做有什么好处呢？很简单，让顾客感觉：“店铺在为我着想。”

保障/保证

大多数人都不喜欢冒险，你的产品最好能向大家保证不会浪费钱、时间，更不会伤害健康等。如果广告当中能够明确地体现这一点，同样能够吸引顾客的眼球，提高店铺营销的气场。

不会浪费钱——说明商品或者服务确实对顾客有帮助，能够改变顾客的生活、工作等情况；

不会浪费时间——说明只要进来看看，顾客就会有收获；

不会伤害健康——产品或者服务是健康的，不会给顾客造成身体上、精神上的伤害。

对于店铺来说，做到以上三点应该是底线，不过你如果能一再重申、让顾客确实明白，效果是非凡的。

简单

怕麻烦是人们的一种心理，记得我们在前面曾经说过一点：简化购买的程序能够提高店铺的气场，原因就在于此。简单，是人们的一种追求和喜好。尽管很多人并不是因为工作忙、没有时间来处理这些事情，他们还是喜欢快速地解决问题，好让自己有更多的时间去做自己喜欢做的事情。

这样的心情可以理解。还有一点，简单意味着享受。人们购物就是为了享受，而不是解决产品带给自己的问题，更不是通过商品来学习什么东西。所以在广告中，你可以尽情使用诸如“您只要轻轻一摁”“全自动”“谁都可以操作”“拿回去就能用”“随时都可以”“傻瓜式”等词语，它们总是很吸引人。特别是对于老年人的商品，更应该往这个方面努力。

》快

快餐、快速服务、闪电式、便捷巴士、速递……快，已经成为“忙碌”型社会催生的一种刚性需求。

人们这么追求“快”有三个方面的因素：

第一，因为忙碌。现代社会竞争压力很大，没有速度终究会被淘汰。

第二，因为欲望。他们想要体验更多的产品和服务。

第三，因为习惯。快速已经成为他们脑子中的一种模式，任何不符合这个模式的都将被淘汰。

现在，请想想看，你的店铺广告能否和“快”挂上钩呢？

》“正是”

“正是”，有一种“寻找了很久终于找到自己所需”的、特别强调的感觉。比如，“这正是我想要的，以前都没有看到过”“正是这个产品，帮我解脱了困境”，“正是这个店铺才有得卖”……

“正是”在不知不觉之间，也成了广告中最喜欢使用的词之一。如果你告诉消费者，这“正是”当前最时尚的，或者“正是”他要找的产品，他一定会考虑一下。

》名人

名人效应，这种情况很常见，你肯定也知道如何使用。不过可能你的店铺没有那么大的能力请名人来代言、做广告，没有关系，跟你说一个故事，或许你能获得一些启发。

情景范例　“奥巴马”饭店

美国华盛顿有一家“奥巴马饭店”，它本身并不叫这个名字，只是在美国现任总统奥巴马刚刚上任的时候，这家店铺的老板为了吸引顾客，将店铺原来的名字去掉，改成用奥巴马命名的店名。原因很简单，用奥巴马的名气来提高店铺的知名度。

可是光将店名改了还不能达到这个效果，于是店老板通过各种关系得到了奥巴马夫妇最喜欢吃的食谱，并且利用各种方式进行广泛宣传。

一个店铺用刚刚上任的总统来做广告，毫无疑问会引起很多人的关注，而这些顾客也纷纷产生疑问：总统爱吃的食谱是什么滋味的呢？

很多人抱着这个疑问来到这个饭店想要一尝究竟。当然，在他们来到这家店铺之后，无一例外地点了总统“最喜欢吃”的菜谱。

按照一般人的想法，这家店铺的效果已经达到了，照理说应该知足了。可是店铺的老板却不这样想。他为了营造一种更加逼真的环境，还在大厅里面最显眼的位置雕塑了奥巴马和夫人、孩子一起进餐的雕像，看上去就像真的一样。从外面经过的人猛然一看还真的以为是总统和自己的家人在这里进餐。并且有很多顾客都是被这些雕像给“骗”进来的，当然，只要他们进来了，就一定会被店铺里的美食所吸引。

很多顾客在吃完饭之后，还不忘和“总统以及总统夫人”合影，利用顾客的这些照片，这家店铺又招揽了不少慕名前来的顾客。

就在奥巴马当总统的这几年时间里，这家店铺几乎每天客人都暴满，成了远近闻名的“总统餐厅”。

看了这个故事之后，你是否有一些启发呢？赶紧把它记录下来吧：

9 第九章

老板气场，给店铺灌注人格魅力

店铺的气场和老板有什么关系？当我提出这个问题的时候，很多人都表示不理解。据一份调查显示，87.5%的店铺在经营过程中都受到老板个性的影响，而且69.8%的顾客能够从购物当中感受到这种个性，并认为这会影响自己的购物情绪和下一次购物的可能性。

这两个数据告诉我们一个道理：老板气场的大小、好坏都会体现在店铺的经营之中，而且对顾客的购买行为造成影响。由此可以得出一个推论：要想提高店铺的气场，老板本身应该提升自己的气场，给店铺灌注人格魅力。

你能做到吗？

第一节 老板，不露面的气场源

老板的气场影响店铺的气场，这个结论在很多人看来是不可理解的。他们之所以不可理解，很大一部分原因在于有些时候老板根本就不露面，怎么就能够影响店铺？要想解释清楚这个问题，我不得不使用“隐形风筝线”这个比喻。

什么叫“隐形风筝线”？有两个要点：

第一，是风筝线，对风筝能够起到制约作用；

第二，是隐形的，不被人发现的。

通过这个比喻来了解老板气场对店铺气场产生影响，效果可能要好一点。我们也可以从两个方面入手：

第一，老板对店铺具有制约作用；

第二，这种制约作用对于顾客来说是隐形的。

那么这种隐形的制约作用具体在哪些方面体现出来呢？我们不妨来深入了解一下，对于你通过提高自身气场来提升店铺的气场有着良好的帮助作用：

隐形风筝线

在店铺的经营过程中，店员会受到老板的影响。尽管不同的店员受到老板的影响不同，但这种影响是客观存在的，并且会给店员的工作造成一定的制约，让店员的言行之中具备老板的气场。

举个例子来说，老板的气场很大，店员在销售过程中气场肯定不会小，相反，如果老板的气场很弱小，那么店员在销售过程中气场也不会强大。

老板是店员的靠山、榜样。要想让店员的气场强大起来，老板首先要让自己强大起来。

情景范例 如果是老板，他也会这么做

阿超是某餐厅的领班，他的老板是一个气场强大的人，有正义感，喜欢打抱不平。有一次他遇到一个难缠的客人，先是埋怨阿超等人的服务态度不好，要求阿超罚酒三杯，阿超礼貌地进行了道歉，把罚酒之事挡了过去。后来又埋怨厨师做菜不好吃，要求和厨师“谈谈”，阿超以“厨师工作太忙”为由

拒绝了。没想到这个客人越来越放肆，竟然借着酒劲要求女服务员和他去开房，惹得小姑娘一阵委屈，当场掉了眼泪。

作为领班的阿超见此情景之后，吩咐其他店员看住这个客人，自己则拨通110报警，随后警察将这名客人带走了。事后，有人责怪阿超做事情不应该太冲动，这种事情应该忍耐一下就过去的。

阿超笑了笑说："我想如果是老板遇到这样的事情，他也会这么做的。"事实证明，阿超的猜想是正确的，因为他的处理方法既得当又及时，获得了老板的好评，年终还得了奖金。

阿超为什么敢擅自做主选择报警？因为老板的品行与风格已经对他产生了影响，这是一种气场的渗透、无声的熏陶。

问题的解决者

老板怎么是问题的解决者？这里的问题是指店员解决不了的或者没有权力解决的问题。这个时候就得老板亲自出马。在这些大问题面前，老板的一言一行都关乎店铺的前途和命运，老板的气场在其中所起的作用也就越大。

这些大问题主要体现在哪些方面呢？

第一，店铺的经营方向；

第二，店铺的营销策略；

第三，促销方案的敲定；

第四，其他应急事件的处理。

店铺的营销战略一般是谁制定的？或者准确点说：店铺的事情最后往往都是谁说了算？我想你会毫不犹豫地回答我：老板。是的，尽管很多老板并不参与店铺的日常管理和销售工作，但最终的决定权他们还是紧紧地握在自己手里。特别是涉及战略性的东西，老板们更是不愿意松手。

营销战略对于气场的影响非常大，间接的，老板的气场对店铺的气场影响也就大，只不过中间通过了"营销战略"这个平台而已。可能我用一个图形来展示一下，你会更加清楚：

老板气场 A →营销战略 A →店铺气场 A

老板气场 B →营销战略 B →店铺气场 B

老板气场 C →营销战略 C →店铺气场 C

情景范例

懦弱的反击战略

王先生是某超市的老板，性格比较懦弱，在面对竞争的时候喜欢采取保守、退缩的策略。对于他来说，制定一个具备攻击性的战略基本上不可能。十一黄金周将至，店员打听到对手正在酝酿一个庞大的促销计划，旨在一次性把自己的超市打垮。

情况非常紧急，店员建议王先生制定一个反击战略，给点颜色让对手瞧瞧。尽管王先生在听到这个消息之后很受刺激，可真正要他下定决定反击的时候，他还是选择了退缩。最后还用“退一步进两步”“避其锋芒”等言辞为自己辩解。

很显然，和对手店铺相比，王先生的店铺总是死气沉沉，一点气场都没有。“懦弱的老板，带给我们的只能是懦弱，你还指望有什么？”店员在不断地发着牢骚。

强势的背后还是强势，懦弱只能产生懦弱。对于店铺的气场来说，这句话同样适用。现在，请自我反思一番：“我的气场属于哪一种？我的气场是否已经影响到店铺的营销战略了？”

思考之后把你的答案写在下面，以便于以后你改正：

____

____

____

第二节 气场型老板不抠唆

在我接触过的很多店员当中，有很大一部分都在抱怨一个事情：老板太抠抠唆唆，他的所作所为，根本就不像一个老板。甚至有的人干脆给这些老板下了定义：这样的老板绝对做不了大事业。

在这里我们暂且不管这些人说的话是否准确、评价是否客观，有一点是肯定的，这些老板的气场在抠抠唆唆的过程中已经消失得无影无踪了。

气场是一个美丽的气球，抠索就是一根针。现在你知道抠唆对于自己气场的破坏力到底有多大了吧？要想改变这种情况，你该如何下手呢？

以下几点请务必做到：

对顾客不抠唆

经营店铺，目的就是从顾客那里赢取利润。不过很多店铺经营者似乎已经走入了一个误区：不拿走顾客所有的利润不罢休。这种心情是可以理解的，但要知道，要想更多地获得利润，就应该懂得舍得的智慧。

什么是舍得的智慧，从店铺和顾客之间的角度来看，就是店铺经营者要大气一点。该返给顾客的利润一分都不能少；不应该赚取的利润一分都不能要。从表面上看或许你少赚了很多，而事实上，这是一种“放长线钓大鱼”的做法，在以后的经营过程当中，你能获得更多的利润。

曾经看到这样一则寓言故事，或许能帮助你更好地理解这一点：

有只饥肠辘辘的猫好不容易逮到了一只小老鼠，大家都以为它会把小老鼠一口吞下的时候，猫却摇了摇头，把它给放了。众猫很奇怪问道：“你为什么不吃了那只老鼠？”猫回答道：“太小了，我等他长大点再吃，到那时它身上的肉就更多了。”

对顾客不抠索，就像猫不吃小老鼠一样，为的是日后获得更多。更重要的是，一个大方的店铺气场是强大的，它能够无声无息地吸引顾客前来消费，从而实现“吃更多老鼠”的目的。

对顾客不抠唆，具体可以体现在以下几个部分：

第一，打折力度大；

第二，更多的优惠；

第三，更好的服务；

第四，更贴心的管理；

第五，更多的惊喜。

那么，反思一下，在这个问题上你是不是这么做的呢？

对店员不抠唆

对店员抠唆也是很多店铺经营者不够有气场的一个表现，比如该给店员的奖金迟迟不能到位，该给店员的发展空间始终看不到踪影，对店员请假的事情耿耿于怀，不希望店员有自己的私欲，抱怨店员没有好好工作，等等。

我们暂且不管什么样性格的老板更容易这样做，有一点是肯定的：任何一个店员遇到这样的老板都会心生郁闷，如果有更好的出路，他们很有可能选择跳槽。对于店铺来说，这是一种资源的损失，更是气场的流失。试想如果一个店铺三天两天有店员辞职、跳槽，这样的店铺还能兴旺起来吗？

所以说，该给店员的，一定要给，而且一定要多给，不能少给或者不给。这不仅仅是自己的一种信誉，而且也是对店员的一种尊重。

情景范例

多了5个百分点

啤酒市场竞争一直都很激烈，特别到了夏季，更是如此。各个销售啤酒的店铺就会想方设法，举行各式各样的促销活动以吸引顾客，和竞争对手抢夺市场。

根据以往的促销经验，很多店铺都喜欢在啤酒瓶盖上作文章，如开到什么字就可以兑换现金多少，甚至有的将中奖的金额直接印在瓶盖上，只要顾客开了瓶盖就知道自己中了多少奖金。虽然奖金对顾客的吸引力很大，但是这种促销方案也有一个问题，万一顾客运气不好，连开几瓶都没有中奖，那么顾客难免沮丧，店铺也就达不到促销的效果。

针对这个问题，“山泉”啤酒的营销店铺决定采用另外一种促销方案——双赢模式。这种促销方案不是针对顾客进行的，而是针对促销人员进行的。只要促销人员推销出了一箱啤酒，在原有的薪资水平上，促销人员还能在其中提成10%。如果一天推销超过100箱，则这100箱的提成加到15%。

不过平常这个比率并没有这么高，而是只有5%和10%，现在“山泉”的老板主动提高了5个百分点，以激励促销员更加卖力推销。

“给了促销员这么多，自己不是赚得很少了？”有人非常怀疑地说。

“做生意讲究薄利多销，我则讲究多利多销，多给促销员利益，他们肯定会更加卖力地干活。”事实证明“山泉”老板的想法是正确的，在推行这个促销方案短短一个星期的时间里，“山泉”啤酒的销量就上升了10个百分点，而市场占有率也从以往的33%提高到45%左右，越来越多的顾客放弃原来的啤酒品牌而选择了“山泉”。

俗话说：有钱能使鬼推磨。金钱、利益一直是人们所热衷于追求的，店员也不例外。如果你能大方地给予他们高薪，他们就会用业绩、气场来回报你。

敢于面对失败

营销失败，这种情况很多人都遇到过。面对失败，人们首先想到的是自己的利润该如何保障。对于这一点，有的店铺营销者把希望寄托在下一次的营销活动中，而有的店铺经营者则开始打店员的算盘。

这是什么意思呢？即他们把营销的失败归罪于店员，甚至通过扣工资、奖金，要求无偿加班等方式希望从店员那里获得回补。显然，当他们这样做的时候，表面上店铺的利润获得了保障，实际上店员的不满和抱怨严重影响了店铺的气场，店铺损失将会更大。

情景范例 店员集体跳槽了

陈先生是某服装店的老板，因为判断失误，导致一批货物积压，很难销售出去，店铺的销售受到了影响，最终造成了亏损。

如何填补亏损？陈先生首先想到的不是在下一次翻盘，而是开始打店员的主意。他经过“深思熟虑”之后宣布：“因为业绩不佳，导致利润减少，从这个月开始，每个店员的工资将下调50%，直到业绩回升为止。”尽管店长、领班都在反对，陈先生还是一意孤行。

第二天，陈先生发现店员都走了，剩下自己一个人。尽管陈先生采取了一些行动，无奈效果不佳，加上顾客听说了陈先生的事情之后，开始“厌恶”这个店铺，最终只有关门大吉。

因为一些利益而损害店铺的气场，这是很多店铺经营者都在做的傻事，请问你做了吗？合上书本，好好反省一番。

》宽容对待对手

有句话说得好，对手和朋友都是暂时的，说不定哪一天就会发生逆转。宽容对待你的对手，这是一种气度，也在向你的对手彰显自己的气场。

这里的宽容，不仅仅指的是面对对手的伤害，要敢于一笑泯恩仇，更要懂得为对手鼓掌、在对手有困难的时候出手相助。这是何等的气场？

情景范例 “隔壁好”小吃店

一位姓郑的商人在杭州某小区附近开了一家小吃店，刚开始的时候生意还不错，可是这种局面并没有维持多久，就被两家大酒店给打破了。在郑老板小吃店的左边，开了一家“杭州酒家”，右边则开了一家“杭州风味小吃”，将郑老板的小吃店夹在中间，似乎要和郑老板过意不去似的，两家酒店从杭州特色菜到杭州小吃全都有了，至此，郑老板的小吃店承受着“地不利”“人不和”的双重挑战。

郑老板深知，和这两个对手进行竞争，无疑是鸡蛋碰石头，无论是从规模上还是从实力上进行对比，都差距悬殊。周围的人都劝郑老板放弃算了，另外寻找一个地点重新开始。可是郑老板却不这样想，他觉得在这里还是可以有所作为的。

首先，郑老板给自己的饭馆取了一个非常有意思的名字——“隔壁好”小吃店。并且，还贴了一副对联，同样有着绝妙的创意：上联是“缺山珍少海味唯独便宜”，下联是“无名师非正宗图个方便”。这幅看似“家丑外扬”的对联却赢得了顾客的心。

很多顾客首先被这个店名所吸引，并且发现郑老板说的是实话，和两家大酒店相比，郑老板的店铺确实不如别人，更让顾客觉得实在的是那副对联，便宜和方便是顾客选择餐馆的主要标准之一，如果没有特殊的要求，绝大部分顾客都愿意选择“便宜、方便”的餐馆进行就餐。虽然在这里没有山珍海味，没有名师高厨，但是这种自暴缺点的促销方式却让顾客感觉到了实在，因此，郑老板的店铺不仅没有被两家大酒店挤垮，反而生意变得兴隆了许多。

为对手叫好、鼓掌，彰显的是自己的气场，获得的也是自己的利润。一箭双雕，何乐而不为呢？

第三节　懂得信任店长和店员

美国零售行业协会曾经做过一项调查：店铺经营者与店员之间存在最大的问题是什么？答案不是你想象中的薪资问题，也不是加班和假期轮换的问题，而是彼此不信任。店铺经营者不够信任自己的店员，店员也不够信任自己的老板。猜忌和多疑一直存在于店铺经营的始末。

导致彼此不够信任的因素有很多，结果却只有一个：损害店铺的气场。这里的损害是两个方面的：

第一，店铺经营者不敢放权让店员去发挥潜力；

第二，店员害怕遭到老板的误解而谨言慎行。

相信类似的情况你可能也碰到过，而且很明显觉得在这样的店铺购物非常不愉快，甚至店铺经营者和店员之间会当着顾客的面吵架。那么请问，如果你是顾客，你会怎么看待这个店铺，下一次还愿意到这个店铺消费吗？如果不是非去不可，相信概率就很小了。

不信任，是导致店铺气场不够的元凶之一。

要想解决这个问题，很多人首先想到的是店员要信任老板，尽最大努力做好自己的工作。请问，凭什么呢？要想解决不信任的氛围，店铺的经营者才是关键所在。指望店员平白无故地信任经营者，这样的希望太过渺茫。

换句话说，老板应该主动表示自己信任他们，才能营造健康的氛围。那么作为店铺经营者，该如何表示自己信任店铺人员呢？以下几点或许能够帮到你：

》给他们一定的决断权

不给店员一定的决断权是店铺经营者不够信任店员的常见表现之一。面对这种质疑，很多人还会反问：一个小店员能有多少决断的能力？

毫无疑问，说这句话的人无疑把自己的能力看得太重了，事实上，员工不仅具有决断能力，而且在很多时候他们还具备经营者所不具备的优势。比如说以下两点：

第一，亲眼所见，对情况非常熟悉；

第二，现场经历，更有针对性。

在这里，我们不得不又一次提起“海底捞”，它的管理层在这一点上做得非常好：任何一个服务员都有免单的权力，不问理由、不问金额。重要的是服务员觉得应该这么做，那就可以这么做。事实证明，海底捞的这些员工不仅没有乱用、滥用权力，而且还决断得相当灵活，店铺的气场得到了很大的提升。

另外还有一点：店铺经营者对店员不必统得过死，管得过严。给予店员适度的自由，让他们根据自己不同的兴趣、爱好、特长和追求，去努力实现个人的目标。有时候，店员在个人小目标上取得的进展，不仅不会影响上级制定的大目标，反而更有助于大目标的提前实现，对整个社会也能多作一些贡献。相信对店员的自我约束能力适度“松绑”，也是对店员的充分信任。

听取他们的意见

在和店员一起研究工作时，只要条件允许，就应该先听听店员的意见和看法。当店员由于自己的看法和领导者不一致而表现出含糊其辞或竭力“靠拢”时，作为上级，应及时鼓励店员坦率地提出不同意见。当店员在上级鼓励下，大胆发表了不同意见，而这些意见确实比店铺经营者原来的想法高明时，应当予以肯定；如果店员表述的意见毫无可取之处，也不要生硬地完全否定，而应该首先肯定它在某些方面具有参考价值，然后再详尽地说出自己的看法。要知道，在店员面前充分发扬民主作风，正体现了店铺经营者对店员的最大信任。

在制订计划、执行、检查、总结等管理过程中，店铺经营者应尽量吸收店员参与这些活动，让他们充分发表自己的意见。通过最大限度地满足他们希望参与的心理，来增强他们对店铺经营者的信任。

给他们犯错的机会

犯错，每个人都会经历，这是难以避免的。不要因店员一时的失败而否定他。在店员屡遭挫折、工作进展不大时，决不能因此而抹杀他过去的功绩，怀疑他的才能，草率地中途换人，而是应该及时向店员提供必要的支持和帮助，消除他在工作中遇到的障碍。

最重要的一点，不要因为一次错误而对店员产生歧视性的看法和偏见。如果你这样做了，不仅这个店员会受到影响，其他的店员也会受到影响。不信任的氛围会让店铺的气场瞬间衰弱。

不要有怀疑的言行

“你今天怎么来这么早，是不是昨天提早回去了？”

“这个方案我好像在哪里见过，你是不是抄袭别人的？”

“给她这么低的折扣，她是不是你的亲戚啊？”

……

怀疑是一种很有杀伤力的情绪，你一旦开始怀疑某个人，就会觉得一切正如自己所怀疑的那样。事实是不是真的如此呢？并不一定。相信你看过“邻人偷斧”的故事吧：一个人丢失了一把斧头，怀疑是自己邻居偷的，于是他每天都偷偷看着邻居，越看越觉得就是他偷的。过几天，斧头找到了，这个人再去看他的邻居，越看越觉得不是他偷的。

这就是一种心理暗示，不管你看到什么，都在不断强化自己所暗示的内容。如果你以怀疑的言行和店员交往，就会受到这种效应的影响。

另外还要注意一点：在听到别人对店员的不公正非议时，应当即旗帜鲜明地予以驳斥，并且一如既往地重用店员。

传递信任的信息

信任店员，并不是和他说一句“我相信你”这么简单，最为关键的是你得让他知道你信任他。这个时候，除了“表白”之外，还可以使用“传递信任信息”的办法达到目的。比如在公开场合将最困难、最光荣的重要工作交给某个店员，使他觉得这是上级对他的最大信任，“看得起他”；有意“免检”店员从事的某项工作；甚至对店员在工作中偶尔出现的小过失佯作“不知”，只要其本人知错改错，不再重犯，就不予细究等，都是不错的方法。

第四节 放权、放权，还是放权

放权是一个很时髦的话题，在讲到管理的时候基本上都会说到。尽管说了这么多，却还是有很多的店铺经营者不懂得如何放权。他们也知道权力过于集中有很多劣势存在，比如不便于集思广益、让自己过于疲惫、不利于激发下属激情，等等。只是他们根本不知道该如何放心地把权力交到下属的手上。

你是这些人当中的一员吗？

情景范例 “亚细亚”没有我不行

亚细亚老总王遂舟每天最多睡五个小时，管理的事情大到决策，小到具体实施。只要他人在商场，事无巨细，全由他一手布置；他对每个部门的每项具体工作都不断发出新的指令，或斥责其负责人工作不力。譬如某处霓虹灯断了一根灯管，某处玻璃门没擦，上面有手印，花木上积了厚厚的尘土，看上去不美观，等等。

为此，他总是感觉到很累，没有时间休息。曾有人给他提意见，让他少操心具体的事情，相信他的员工。可是他却大怒：“我要不管，‘亚细亚’早就不是这个样子了！我告诉你，‘亚细亚’没有我不行！”

王遂舟这种凡事都亲力亲为的做法，使得各个部门领导养成一种凡事均要他做主的习惯，使得部门领导成了虚设，亚细亚风景逐渐暗淡下去。

凡事亲力亲为，并不能说明你就是一个好的经营者，相反，这说明你是一个没有气场的领导者。至少在权力的运用、员工潜能的开发、有效的管理这几个方面，你做得很不到位，最终影响到了店铺的经营。

如何有效、安全地放权？这是摆在你面前的一个问题。如果你对此还不是特别明白的话，不妨让我来告诉你：

设置权力底线

什么是权力底线？简单点说就是在什么样的范围之内员工可以行使权力，超过这个范围，就应该由经营者自己来决定。举个例子来说：某些店铺员工能够做主的最低折扣是 8 折，超出 8 折的，就应该由老板来决定。那么 8 折就是一个权力底线。

设置权力底线是保证权力被安全行使的一个保障，就像车辆的刹车装置一样，不至于让车辆出现危险。在店铺的经营过程中，常见的权力底线包括以下几种：

第一，金额范围，比如 500 块钱之内店员可以自己做主；

第二，人群范围，比如某权力只适用于三年以上老店员使用；

第三，折扣范围，比如 8 折以上店员可以自己做主；

第四，状况范围，比如只有发生紧急情况的时候店员才有权力处置；

第五，数量范围，比如 50 件商品以内店员可以做主。

在具体的经营活动中，可以设置的权力底线还有很多，你可以根据店铺的实际情况自行设计。不过宗旨是相同的：不要让权力失控。

抓大放小，不做管家婆

尽管一个称职的店铺经营者必须是一个“万事通”，但是，店铺经营者不是“管家婆”，不能包揽一个店铺大大小小的事。聪明的店铺经营者就应该把自己手中的大部分权力分给各级管理人员以及每一个店员，这不仅能让他们有机会发挥自己的优势，而且能为自己省下宝贵的时间去做更重要的事情。

在管理实践中，有些店铺经营者总是习惯把自己的重要性无限地扩张，喜欢大小权力一把抓，大小事情统统自己动手，店员只能当他的助手，造成自己整天忙得像只无头苍蝇。

有一个店铺老板，当他在自己的办公室时，所有的事情都要自己来处理，除了要与客户电话联络外，还要处理店铺大大小小的事情，每天都忙得不可开交。实际上，他做得太多了，而他的店员只做简单的工作，甚至不必动脑筋去思考、去回答他的客户，也不必负担任何的责任与风险，像他这种做法，好的人才不可能留下奉陪到底。

店铺的发展壮大不能只靠店铺经营者，而必须依靠广大店员的积极努力，只有借助他们的才能和智慧、群策群力，才能逐步把店铺推向前进，这是一个店铺发展的最佳道路。

情景范例　把所有人都关在门外

Tony是一家大型电脑专卖店的老板，他每天都忙得焦头烂额，不仅要应付成百份的文件——这还不包括临时得到的诸如海外传真送来的最新商业信息——还要管理店铺的其他大小事情。他经常抱怨说自己要再多一双手、再有一个脑袋就好了。很显然，他已明显地感到疲于应付，他曾考虑增添助手来帮助自己。可他终于及时刹住了自己的一时妄想，这样做的结果只会让自己的办公桌上多了一份报告而已。

店铺人人都知道权力掌握在老板的手里，所以他们每一个人都在等着老板下达正式指令。每天Tony走进办公室的时候，就开始被等在门口的店员团团围住，等他走进自己的办公室，已是满头大汗。

实际上，Tony已经成为了真正意义上的大事小事一把抓的“管家婆”，而非一个管理者。作为店铺的最高负责人，他的职责本应限于有关店铺全局的工作之上，各销售分区本来就是各司其职、协助负责，以便给他留下足够的时间去考虑店铺的发展、进货的渠道、促销的方案、人员的聘任和调动……举重若轻才是管理者正确的工作方式，举轻若重只会让他越陷越深，把时间和精力浪费在许多毫无价值的决定上面。这样的管理方式，根本无法带动并且推动店铺的发展。

有一天Tony终于醒悟过来了，他把所有的人关在自己的办公室外面，把所有无意义的文件抛出窗外。他把工作做了分工，并告诉店员遇到问题自己拿主意，不要来烦自己。他给自己的秘书做了硬性规定，所有递交上来的报告必须筛选后再送交，不能超过十份。

刚开始，秘书和所有的店员都不习惯，他们已养成了奉命行事的习惯，而今却要自己对许多事拿主意，他们真的有点不知所措。

这种情况没有持续多久，店铺便开始有条不紊地运转起来，各分区的决定是那样的及时和准确无误，而且工作的效率也大幅提高了，以往经常性的加班没有了。Tony 有了读小说的时间、看报的时间、喝咖啡的时间和进健身房的时间，他感到惬意极了。他现在才真正体会到自己是店铺的管理者。

》让有能力者有权力

古人云："非得贤难，用之难；非用之难，任之难也。"用人不疑，疑人不用。睿智的管理者懂得充分地信任员工，放手让员工工作，给他们施展才华的空间。这才是作为领导授权应有的风格。权力是一把利剑，有的管理者注意暂时放手，有的管理者则绝不放手。正确的方法是：让有能力者有权力！

一手缔造了"明日风"大型卖场的文森，2011 年退休了。不过作为第一代创业者，他的接班人并不是两位聪明的儿子，而是跟随自己多年的老部下康城——"明日风"的一级主管，还是一个意大利人。

文森谈管理心得，很重要的一点就是相信店员，把权力授给有能力的人。他常说："店铺要想做到持续发展，必定要建立在授权的基础上。再强势的领导人，也都有照顾不到的角落，也会有离开的一天，但是在一个授权的店铺，各主管已经充分了解店铺文化，能够随时随地自主诠释店铺文化，这样的店铺才有生命力。"

对于店铺人员，他的原则是给予信任、充分授权，即使他们工作做得慢、与自己的方式不同，也决不插手。他说："要忍受过错，把它看作成长必须要付出的代价。只要他犯的是无心之过，只要最终他赚的钱多于学费，你就没有理由吝于为他缴学费，你一插手，他就失去机会和舞台，还怎么成长呢？"在这一氛围中，"明日风"涌现了不少独当一面的人才，形成强大的接班人队伍。

手握权力对任何人来说都是难以抗拒的诱惑，何况是君臣之道素占主流的中国人，更鲜有与人分享权力者。文森却不贪权力，把权力交给有能力的人，并深谙与人分享权力是开创店铺并发掘增长潜力的最佳途径。

店铺经营者授权给店铺员工，一定要注意，既然他有能力，就要让他大胆使用手中的权力，努力工作，同时，当他工作出现难题时，还要在恰当时候给予指点，而不是不闻不问。授权，不等于撒手不管，这个误区一定要注意。

用人不疑

某杂志曾经以“你最不喜欢什么样的老板”为题向50位店铺店员征询看法，结果收集上来一箩筐意见，历数老板的种种致命缺点。其中，骄傲自大，刚愎自用，不懂得充分授权和信任店员被提到的次数最多，超过了老板个人能力弱、店铺管理差，甚至不尊重店员个人利益等各个方面。

是的，没有信任，又何谈授权？经营之神松下幸之助说：“最成功的统御管理是让人乐于拼命而无怨无悔，实现这一切靠的就是信任。”要知道，不被信任，会让店员感到不自信，不自信就会使他们感觉自己不会成功，进而感到自己被轻视或抛弃，从而产生愤怒、厌烦等不良的抵触情绪，甚至把自己的本职工作也“晾在一旁”，给店铺的气场造成负面的影响。

第五节 做到有诺必践

一个老板如果做不到有诺必践，店员不会选择信任老板。这种不信任就会在店铺的营销过程中体现出来。频繁跳槽、抱怨、怠工等都是经常见到的。这些现象的出现，会导致店铺的经营状况下滑，也会营造一个气场不足的气氛，让每一位走进店铺消费的顾客都心生“不爽”，从而渐渐远离。

如何做到有诺必践？这是你作为店铺营销者必须要明白的一个问题：

事前控制欲望

在经营店铺的过程当中，你很容易被自己的欲望所困扰，从而使得你不择手段地去满足自己的欲望，甚至陷入了“过度承诺”的陷阱之中。要想改变这种情况，还得从源头入手：控制欲望。欲望小了，承诺也就少了，失信的情况就得到了控制，气场也就提升了。

情景范例　**年终我给你们发奖金**

王小利的服装店生意挺好，特别是上个季度，更是创下了前所未有的纪录。很快，新一轮的销售旺季就要来了，王小利想让自己店铺的销售业绩“更上一层楼”，于是就对自己的店员说：“大家好好努力，到年终的时候我给大家发奖金。”

很快，店员的积极性被调动了起来。遗憾的是，因为王小利判断失误，所进的货款式并不是最流行的，所以销售业绩平平。马上到年终了，店员们都在眼巴巴地盼望着奖金。可王小利似乎把这件事情给忘记了，一直没有兑现。

直到有个店员提起这件事情，她才一副“恨铁不成钢”的样子说道：“这些衣服都压库存了，发什么奖金啊！”

王小利的一句话泼了大家的冷水，很快店员失去了积极性，原本能够销掉的库存却剩下了很多，王小利莫名其妙地吃了一个大亏。

王小利为什么会吃大亏？因为她没有做到“有诺必践”，而是利用“衣服没有卖出去”的理由忽悠了店员一把，自然店员也不会放过她。那么我们现在不妨试想一下：如果王小利在之前能够控制欲望，安分一点，还会出现这样的情况吗？

》把问题想清楚

尽管很多人一说到老板就喜欢在前面加个“黑心”二字，我还是要为老板们说一句公道话：他们不是有意不兑现自己的承诺，而是事出有因。绝大部分情况是没有搞清楚状况而轻易承诺，最终却发现事实根本不是这样，自己的承诺根本无法得到兑现。

把问题想得清楚一点，是解决这个问题的灵丹妙药。具体可以这么做：

第一，反推。很多事情从正面看是没有任何问题的，但是如果你进行一下反推，效果可能就不一样了。

第二，征求别人的意见。这一点好理解，比如征求自己的同事、朋友、店员等的意见。

第三，查询相关信息。这一点主要集中在店铺的货物信息、对手的促销信息、产品的销售数据等上面。做店铺，不能一厢情愿，关键还是要通过市场信息，做出正确的判断。

第四，及时“刹车”。如果你在执行的过程当中发现问题，一定要及时“刹车”，而不是一意孤行，不撞南墙不回头。那样对你、对你的店铺来说，都是一场灾难。

》资金准备再充分一点

没钱，是导致很多老板“出尔反尔”的重要因素之一。没钱基本上有两种情况：

第一，刚开始资金充裕，后因各种原因导致资金链断了；

第二，一开始资金就不充裕，为了某种欲望或者需求勉强投入或者答应店员。

无论是哪一种情况，都会给店铺的气场带来很大的负面影响。因此，在承诺之前，最好能够让自己的资金充裕一点，并且做好相应的预算。如果你对这些资金实在没有多大把握，干脆就闭嘴，不要承诺。

10 第十章

审视自我，别让店铺气场“漏气”

气场，是一个概念，一种感觉。不同的店铺，有着不同的内涵。就像我们平常说一个人有气度一样，有的人表现在慷慨大方上，有的人则表现在有胆识、有度量上。看到这里，你或许就在心里琢磨：我的店铺气场表现在什么地方呢？

想清楚这个问题并不会浪费你的时间，相反，它能够更加快速、有效地帮助你提升自己店铺的气场。你只有知道自己店铺的气场在哪些方面体现，才能有针对性地去弥补，把相关的事情做好，排除减弱气场的因素。

这就是一个审视自我的过程。这里的“自我”不是指你本人，而是指你的“店铺”。了解店铺是提升店铺气场关键性的一步，你不能不做。

第一节 没有审视自我，这就是平庸的秘密

曾经看到这样一句话：满大街都是卖咖啡的，为什么唯有星巴克顾客盈门？大家都想从零售行业分一杯羹，为什么只有沃尔玛独占鳌头？

是的，同处一个行业、地段、客户群，为什么有的店铺就能做得风生水起，而有的店铺只能关门大吉？有的人把这一切都归结到“运气”上，认为自己运道不足。甚至还有的人自以为是地认为是对手在“整”自己，所以他们的店铺才如此红火，而自己的只能倒闭……

好吧，现在请放下这种思维。自己的店铺之所以变得平庸，是有“秘密”存在的。这个“秘密”就是：没有审视自我。

仅仅如此吗？在一次研讨大会上，我曾经就这个问题作过这样一个比喻：经营店铺好比走钢丝，要想顺利走完钢丝需要两个方面的配合：第一是眼睛，第二是平衡杠。如果你的店铺在没有自我审视的情况下开业经营，就好比你走在钢丝上，既被蒙上眼睛，又没有了平衡杠，你只能凭着感觉往前走，具体你的感觉是对还是错，完全就是一种运气了。当然，靠运气的事情往往是最不靠谱的，关门大吉也就理所当然了。

没有审视自我，可能是以下几种情况：

没有准确定位

在很多场合，我们都说到“定位”这个词。尽管如此，可能还是有很多人不明白到底什么是定位、定位的作用到底有多大。定位，说到底就是想清楚自己的店铺应该卖什么、卖给谁的问题。

这好比盖房子时在地上打桩一样，基本确定一栋房子的大小、格局、朝向等。如果缺少这一步，结果可想而知。我们身边的一些店铺之所以变得平庸，问题就出在这里：不知道自己该干什么、如何提升自我。

情景范例 **到底是餐馆还是手机专卖店？**

陈先生退休之后在某工业小区附近租了间房子，开始做餐饮。陈先生以前是厨师，做餐饮可以说是最好的选择。餐馆刚开始的时候，生意非常红火，来这里吃饭的人越来越多。无意中陈先生听到一句话：“现在的手机生意真好

做，进一批货，只要款式新，很快就能卖出去，光一部 iPhone5S 的水货就能赚好几千块钱。”

陈先生心里暗暗一惊：“好家伙，卖一部手机等于我一个月的收入了，我可以试试。”第二天，不顾家人的反对，他真的去城里批发了一批手机回来，放在自己的饭馆里销售。每每有顾客前来吃饭，他都会热情地推销自己的手机……

渐渐的，陈先生发现了一个问题：来他餐馆吃饭的人越来越少了，似乎大家都在躲着他。他还一直没搞明白这是为什么。

其实答案已经摆在面前了：陈先生经营的餐馆没有做好准确的定位，以至于开始经营手机，甚至把来餐馆吃饭的顾客当成了推销的对象。陈先生的这种做法很容易“吓跑”顾客。

餐馆就是餐馆，手机专卖店就是专卖店，混合经营、胡乱拓展业务就是一种定位不准的表现。想想看，你的店铺是不是也存在这种情况呢？

不了解客户群

要想提高店铺的气场，获得顾客的青睐，了解他们是非常重要的一个步骤。在这个问题上，很多店铺经营者都认为没有必要，认为了解顾客甚至给顾客建立档案都是多此一举。是不是如此呢？实践证明不是。了解顾客有两大好处：

第一，知道顾客需要什么，以便能够随时满足；

第二，专注于细节，做到让顾客无可挑剔的程度。

情景范例　没有情人的情人节

2 月 14 日是西方传统的情人节。某商场市场部杨经理的女儿虽然已经二十好几了，可是至今还是单身。每当这个时候总是她感情最脆弱的时候，一遍又一遍地唱着《没有情人的情人节》，怀里抱着一个毛茸茸的海豚娃娃，孤单而又快乐地生活着。

看到这个熟悉的场景，杨先生并没有给予更多的问候，而是出于职业的本能，立刻就想到了情人节的促销方案——“情人”娃娃，即在 2 月 14 日这天，凡是到商场购买商品的单身女性，在消费一定数额之后就可以凭借购物发票到服务台免费领取一个“情人”娃娃。

为了能让自己的促销计划更好地发挥作用，杨经理在电视台做了一个促销广告，在这个广告中，“情人”娃娃和一个单身的女性手牵手漫步在乡间小路上，在情人节钟声敲响的那一刻，“情人”娃娃从身后变出了一支玫瑰，深情款款地对女孩说：“带我回家吧，我将给你一辈子的温暖！”

当这个温馨的画面慢慢消失的时候，电视屏幕上出现了这样一句广告语：你还至今单身吗？不妨来到 ×× 商场，把你的“情人”带回家吧。

整个广告温馨而又感人，而且符合商场的促销主题，因此在促销开始的那一天，商场出现了非常火爆的购物场面，很多原本不是单身的女性也冒充单身，前往服务台领取“情人”娃娃，而“情人”娃娃也不负众望，手持一支玫瑰，静静地等待女孩来带它回家。

最后经过统计，这次促销活动取得圆满成功，销售额出现了好几倍的增长。

商品对于顾客而言很多时候不仅仅是满足其物质的需要，而且还是为了满足其感情的需要。比如说鲜花、情侣首饰等，都是一种感情的外在表现之物。而店铺营销者如果能利用顾客的这些感情做一些力所能及的事情进行商品促销，势必能取得非常好的效果。当然，要做到这一点，关键就在于对目标顾客的了解，比如了解单身女性的心理，她们在情人节这天的内心想法、需求等。

找不到主打商品

在店铺这么多商品当中，我该主推哪一款或者哪一个系列？

在和店铺经营者交流的过程当中，他们经常会问这样一个问题。他们这么问，并不能表明他们谦虚好学，只能说明一点：他没有审视自我，以至于找不到主打商品。甚至还有一些店铺经营者是第一次听到“主打商品”的概念，同样也是缺少审视自我这个过程。

现在，我来告诉你如何选择自己店铺的主打商品。主要包括两个方面的内容：

第一，利润最大化；

第二，有最大的顾客群。

现在，请合上书本，好好考虑一下，你的店铺有哪些商品适合做主打商品呢？把它们的名字写在下面的空格中：

____

____

____

找不到合适的促销方案

制定一个合适有效的促销方案是店铺经营者梦寐以求的，为此他们四处寻找这方面的专业人士，不惜重金求助，以便能够在营销竞争中打败对手。

求助于别人来制定促销方案，这是一件费钱费力又不讨好的事情。这句话怎么理解呢？费钱费力自然不必说，“不讨好”指的是顾客不买账。因为那些所谓专业人士对你的店铺并不是十分了解，他们给你的方案往往不切实际，很难取得真正的效果。

谁最了解你的店铺，谁就是最佳的促销方案策划人。这是我多年总结出来的经验，也是我的理论。理由有两点：

第一，了解店铺的人知道店铺的优劣所在，制订出来的策划方案能够最大程度地扬长避短，提高气场。

第二，了解店铺的人知道什么样的方案能让店铺的利润最大化。

现在，不妨就来练习一下：

____

____

____

总而言之，审视自我，对店铺有一个深入的了解，能够帮助你更好地经营店铺、更加有针对性的提高店铺的气场。

审视自我，拒绝平庸。

第二节　精准定位，找到店铺所长

正如每个人都有自己的优势一样，店铺也有。有的店铺商品质量过关、有的店铺价格便宜、有的服务周到、有的具备特色……

为什么我们今天要讲到店铺的优势，并且还要求你找到店铺的优势呢？因为这是一个“优势决定成败”的竞争年代。周围的店铺很多，竞争相当激烈，如果你没有发掘出自己店铺的优势、利用自己店铺所长来打压对手，会立马败下阵来。

优势真的这么管用吗？看了下面这个案例或许你就明白了。

情景范例

档案在手、销售不愁

在内蒙古的呼和浩特市，有一家“大草原”小吃店为人们所熟知，它在顾客心目中的地位不亚于麦当劳、肯德基。它的优秀不仅仅在于产品质量，还在于对会员顾客的倾情服务。那么“大草原”小吃店是如何做到的呢？很关键的一点就是它很好地利用了会员资料。

每一个顾客到“大草原”小吃店办理会员卡的时候，都要填写一个申请单，上面有着申请人详细的资料，包括家庭住址、工作地址、联络方式等。刚开始人们还很不理解，开个会员卡为什么要填写这么多的隐私内容呢？

在“大草原”一再承诺“绝不泄密”的情况下，很多顾客还真的把自己的情况填写了进去，几天之后，人们就发现自己的生活已经发生了改变，并且和“大草原”小吃店紧紧地联系在了一起。

举个很简单的例子：几乎每天，小吃店都会给一些会员发送一些天气预报、新闻要点等内容的短消息，特别是在大风降温、冰雪来临之前，“大草原”总是能在第一时间通知自己的会员，做好防范准备。当然，类似的贴心服务还有很多。总之，“大草原”就像一位会员的母亲一样，在无私奉献着自己对大家的爱。

当然，在感受到这种浓浓的爱意之后，大家也都纷纷以消费的形式给予了回报。一年下来，“大草原”并没有因为多做了很多工作而亏本，相反，它不仅积累了人气，而且获得了丰厚的利润。不论自己的竞争对手怎么竞争，会员顾客都紧紧地凝聚在它身边。

“大草原”的优势在哪里？在于它紧紧地抓住了顾客的档案，利用一些小小的付出，获得了顾客的心，让顾客感受到了店铺给予的温暖和帮助。

你是不是也想开一家这样的店铺？很简单，从现在开始，发掘你店铺的所长并利用这个优势。具体该如何做呢？跟随我的几个问题深入思考一番，然后给出答案：

问题一：在同行当中你有创新吗？

这是一个讲究个性的时代，创新已经成为店铺提升气场的一个既定方向。如果你想在自己的店铺当中找到优势，首先应该深刻反思一下：我的店铺和同行相比，是否有所创新。比如在商品陈列、进货渠道、经营理念、促销方法等方面。如果有，现在就把它写在下面的空格中：

____

____

____

如果你觉得自己的店铺已经落入俗套，并没有什么创新可言。没关系，从现在开始，好好思考一下，可以把创新的重点放在哪个地方。

问题二：你的店铺有竞争对手所没有的东西吗？

这里的东西范围比较广，可以是店面装修、店址、技术、人员、人际关系等。简单点说就是你是否具备你的核心竞争力。这个问题我们在之前的篇幅中已经了解过，不可能已经忘记。在这里，我重申核心竞争力的两个主要要素：

第一，自己具备而别人没有；

第二，无法复制除非你授权。

现在，好好想想吧！把你想到的都写在下面：

____

____

____

问题三：你有什么新奇的想法吗？

众所周知，世界上很多伟大的发明和创造都是通过新奇的想法来实现的。在店铺经营的过程中，新颖的想法或许就是我们的店铺所长，最重要的一点是，这些想法永远都是自己的，不容易被复制、抢用。

要想具备新奇的想法，可以通过联想、换位思考、idea 改进、寻找灵感等方式完成。当然，在使用新奇想法之前，你还必须做一件事情：确保新奇的想法能够使用，并且不会给店铺带来负面的影响，否则不如不用。

新奇想法集中营：

____

____

____

问题四：你最大的利润点在哪里？

所谓最大的利润点是指店铺的主要利润来源，比如有的店铺利润主要来源于促销，有的店铺利润主要来源于潮流商品、良好的进货渠道、低折扣的供货商等。

为什么要讨论店铺最大的利润点呢？因为最大的利润点不仅仅是一个店铺赖以生存的基础，而且还有可能是优势所在。

举个简单的例子：如果店铺最大利润点来自良好的进货渠道，这就意味着：

第一，你能从进货渠道获得足够多的利润，维持店铺的生存；

第二，你的对手可能并不具备这样的进货渠道，所以你有优势能够打败对方。

毫无疑问，在你打败对手的同时，你店铺的生存和发展获得保障，气场也得到了提升。

看到这里你可能会很着急地问我：经过一番定位，我发现我的店铺没有任何的优势，就是一个普通得不能再普通的店铺了，我该怎么办？

对于你的这个问题，我想回答一句话：任何一个店铺，只要存在都具备一定的优势，你没有发现并不代表它不存在。正如有句话说得好：这个世界并不是缺少美，而是缺少发现的眼睛。现在，请你再次睁大眼睛，好好寻找店铺所长，把你的结果写在下面的空格中：

____

____

____

____

____

____

第三节　店铺经营要懂得“自我折腾”

市场是一股流动的水，店铺则是停在水上面的船。如果水在流，而船不动，船很有可能被掀翻。店铺经营，应该顺应市场的流动，不断进行自我调整、超越、挑战。

每次当我提出这一点的时候，很多店铺的经营者都会用不屑的眼神看着我说：“有必要这么做吗？你不是要我们自我折腾吧？”

对，就是要“自我折腾”。只是从他们的话语当中，我听出了他们内心觉得不可思议，他们之所以有这样的想法，就在于他们还没有意识到这么做的重要性。“自我折腾”，其实就是一种提高。通过这样的方法不断地为店铺气场“充气”。

“自我折腾”包括以下几个方面：

》超越低价

“低价策略”一直是很多店铺用来赚取人气、提升气场的主要办法之一。不过随着低价策略使用频率的增加，这种方法的效果开始明显衰退，甚至很多时候因为某些店铺经营者的不法行为，销售一些伪劣商品，使得“便宜”和“假货”等同了。

作为店铺经营者，要想提升店铺的气场，就有必要超越低价，把店铺给顾客的优惠以一种更加优雅、少见的方式表现出来，岂不是更好？比如说我下面要跟你介绍的这个案例：自动降价。

情景范例　让顾客疯狂的自动降价

南京某小区附近的“京好”超市是一个普通的经营名优商品的店铺，这几年因为店铺之间竞争日趋加大，“京好”超市为了能在竞争中脱颖而出，想尽了一切办法，遗憾的是它不但没有打败对手，反而“伤痕累累”。

正在超市的肖女士苦苦寻找“灵丹妙药”之时，她无意中在一本图书上看到“自动降价”的促销模式，即，商品的价格随着时间的推移自动开始降价。如一种商品第一个星期上架是全价销售、第二个星期就按九折销售、第三个星期就按八折销售……以此类推，如果这件商品到最后还是没有销售完，就以捐赠的方式赠送给旁边的敬老院。

这样的“低价方式”适不适合自己的店铺呢？肖女士灵机一动，干脆就试试吧。想到就做，肖女士在第二天就开始了行动。为此她做了以下几个工作：

首先她将自己的商品进行了归类和分配，以便更好地进行登记和上架。

其次，通过各种媒体渠道进行广告宣传：本超市所有商品实行阶段性促销，每种商品从上架第一天算起，前 12 天按全价销售；从第 13 天到第 18 天，降价 25%；从第 19 天到第 24 天，降价 50%；从第 25 天到第 30 天，降价75%，实行“跳楼大甩卖”；从第31天到第36天，如此货仍未售出，则送给当地敬老院“献爱心”。

此消息一出，立刻吸引了大家的注意。大家都对“京好”超市的这种做法充满了好奇之心，即便是竞争对手，也不知道肖女士葫芦里卖的是什么药。一时间，大家都纷纷驻足观看，却没有一个人愿意尝试。原本的一些老顾客也在前几天都保持着观望的态度，并没有抢着购买。这一点在肖女士的预料之中，她安慰自己的店员：再过几天，情况肯定会有好转的。

果然不出所料，在这个促销方案实行两个星期之后，人们开始购买商品。随着购买的人越来越多，“京好”超市出现了“百年不见”的抢购风暴，几乎所有新上架的商品在一夜之间被抢购一空，此时的肖女士心里乐开了花。

低价策略犹如一道好吃的菜肴，尽管再怎么好吃，如果让你天天对着它，总有一天你也会烦。现在的顾客对于商品的讲究已经从价钱开始慢慢往质量方面转变，所以在采用“低价策略”的时候，应当选择一些更为新奇、善于积聚气场的方法来进行。

请记住一点：超越了顾客的不耐烦，就是气场的提升。

挑战服务

为顾客服务，而且要到位的服务，作为店铺的经营者，你肯定知道这个道理。当几乎所有的店铺都在服务上下工夫的时候，你是不是想过做一些改变，挑战一下呢？比如你不仅仅要为顾客服务，还可以为其他的店铺服务，形成一种“共生”的关系。

具体该如何挑战？这还是得根据你店铺的具体情况进行具体分析。不过在此，我给你提供一个范例供你参考，希望能给你带来一些启发：

情景范例　百货商店里进了餐馆

在日本，有一家百货店的老板经常发现一些顾客想要在自己的店铺里面就餐而找不到餐厅的现象，为此很多顾客不得不离开自己的店铺而选择另外的购物场所。这家百货商店的老板心想：如果自己能在自己的店铺里面引进一个餐厅的话，顾客的这种需求就能得到满足，顾客就餐也就方便了许多。

经过慎重的考虑，百货商店老板决定在自己的店铺引进餐厅。可是该引进什么餐厅呢？老板进行了随机调查，调查结果显示：70%的顾客都希望能吃到咖喱饭，最好是本市最好的店铺所做的咖喱饭。为了满足顾客的这个要求，百货商店老板派遣自己的秘书到市内所有的咖喱饭餐厅探查，然后将味道最可口的一家报告给自己。

在找到这样一家餐厅之后，百货商店老板立刻和这个店主取得了联系，希望他能将饭馆搬到自己的店内营业，也可以以分店的形式入驻百货商店。并且在房租等其他方面给予对方很大的优惠。很快，这场谈判取得了成功。短短的一个月之后，来百货商店的顾客就吃到全市最好吃的咖喱饭了。为此，百货商店的销售量有了明显的提高，很多顾客专门为了吃咖喱饭而来到百货商店购物。

后来，这家百货商店又引进了其他的一些店铺，销售变得更加火爆，营业额一路飙升。

这是一种新型服务关系，无论是百货商店还是餐馆，都是服务于顾客的，只不过它们之间并不是竞争的关系，而是一种共生、相互依赖、相互促进的关系。这种服务关系就是对传统服务关系的一种挑战。从这种新型的服务关系当中，你是否有所启发呢？

现在，就把你想到的写在下面的空格中：

____

____

____

对抗竞争对手

前面两个部分的内容还可以算是“自我折腾”，可是对抗竞争对手是一种必要的商业行为，怎么能算是自我折腾呢？其实我这里要说的是通过一种“自我折腾”的方式来达到打击对手的目的。

还有这样的好事？如果你不相信或者没有搞清楚的话，不妨先看下面的案例：

情景范例　“清水一叶”要扩展店面啦

上海有位记者想去食品街吃点东西，转了一圈之后发现一家名叫“田次郎”日式餐厅，装修得非常豪华。没想到却受到了冷遇，心中一直闷闷不乐。在他走出门的那一刻发誓：再也不来这家餐厅吃饭。

刚走出“田次郎”没多久，记者又发现了一家日本小餐厅，名叫“清水一叶”。在门口的服务员非常热情，笑意盈盈地问：“先生，你吃饭了吗？”见到记者有些犹豫，服务员笑着对他说：“您进来试一试吧，不贵的。”

经他这么一说，记者心动了，跟着服务员进入餐厅。果然如服务员所说，菜并不贵，于是他叫了两个菜，开始吃起来。正在吃的时候，餐厅经理过来了。在聊天的过程中，经理得知他在对面的店里受了冷落，心生一计，对记者说：“您看我这里的生意还不错吧，我准备把旁边的店面也买下来，做一个全市一流的日本餐厅。还准备从日本请来艺师，调教这些服务员。到时，大家就可以一边用餐，一边欣赏到正宗的日本歌舞。”

记者听了后，挺感兴趣的，说：“你这个可以写一篇新闻报道了。”

经理听后挺高兴的，对记者说：“您写一篇这样的文章吧，这饭我请了。”

记者很高兴，回去写了一篇报道，称“清水一叶”餐厅正在积极扩大店面，致力于打造全市最好的日式餐厅。

很快，这篇报道就进入了“田次郎”餐厅经理的视野。经理对此暗暗吃惊，密切注意“清水一叶”的动向，不久，他就听到“清水一叶”确实想购买旁边的店铺，把它与现在的店面连成一体。这样一来“清水一叶”的店铺面积就翻了三倍，成为一家大店了。

“田次郎”餐厅的经理感觉到了压力，于是想主动出击，打压“清水一叶”，破坏其计划。他找到那家要出售店铺的老板，说：“我愿意花更高的价格来购买你的店铺。”

于是，“田次郎”与“清水一叶”开始了竞价，抱着死不撒手的心态，“田次郎”高价买得了店铺，“清水一叶”撤了出来。

撤出来后，“清水一叶”马上开展了营销反击战，打起降价牌。吃100送100。由于这个诱惑太大了，所有的顾客都到“清水一叶”吃日本菜。三个月后，“田次郎”账面出现赤字，加上要高价付购买店铺的钱。“田次郎”最终“兵败”，关门大吉。

请问，“清水一叶”是靠什么打败对手“田次郎”的？靠的是“扩展店面”，把原先的小店变成一个大店。表面上，他的扩张计划被对手知晓，并强行进行干扰，实情则是，这是“清水一叶”挖好的陷阱，正等着对手往里跳。结果正如“清水一叶”所料，“田次郎”关门大吉。

通过“自我折腾”的方法来打败对手的做法其实就是一种“牵制之道”，

用自己的行为把对方调动起来，主动权牢牢掌握在自己手里。当然，要想做到这一点，还是离不开自我审视。比如该如何牵制、该从哪里下手、遇到问题该如何对付等，都得考虑清楚。

第四节 完善自我，让店铺无懈可击

审视自我的目的有两个：

第一，让店铺经营者更加了解自己的店铺，有利于做好定位、反击措施；

第二，发现差距和不足，完善细节，让店铺处在无懈可击的状态下。

如果第一个目的是在宏观上进行掌握的话，那么第二个目的就是细节上的完善。无论是第一个目的，还是第二个目的都能帮助店铺的气场获得提升，只是有一点要注意：完善并不等于完美，你在具体做这项工作的时候，一定要把握好分寸，否则很有可能得不偿失。

那么完善自我，到底该做哪些工作呢？内容有很多，在这里因为受到篇幅的限制，我无法做到一一阐述，只找出其中我认为比较重要的几点，罗列在下面，希望对你有所帮助：

多赞美

人人都喜欢被赞美，不管赞美话的真假成分，只要是赞美的，人们大都来者不拒。但人们却总是吝啬于赞美别人，殊不知赞美能为你赢得好人缘。在店铺经营中运用赞美，能快速提升店铺的气场。相反，如果你不懂得这一点，就很难获得成功和提升店铺的气场。

情景范例 你的腿有点粗哦

LEVI’S 牛仔专卖店位于繁华的闹市区，每天进出的顾客不计其数，但临近一天营业结束时，查看每天的营业额，结果却总是不能让人满意。

某一天，有两个年轻的顾客结伴来买牛仔裤，两个顾客的体形一个比较苗条，另一个则稍显丰满，她们俩同时看上了店里新进的款式，并试穿出来后在镜子前比对着。这时店员走到苗条的顾客身边，笑着说：“小姐，您穿这条牛仔很显身材，您本来身材就好，现在更好了。”顾客听了后心里美滋滋的，另一位顾客就问：“那我穿这条行吗？”店员微笑着说：“您穿也很好，现在您是不是还穿毛裤呢？这样看腿粗了点，脱了更好看一些。”稍丰满点的顾客一听，脸色立马转阴，放下裤子拉起同伴就走。店员半天都不明白自己到底说错什么了。

其实例中的店员丢了这笔生意实在是有点冤枉，她刚开始的话说得很得体，赞美顾客的身材好，而穿了本店的裤子后身材就更好了。因此，顾客听了店员的话以后，心里很舒坦。遗憾的是，当另一位身材不怎么好的顾客向她询问时，店员虽说是无心的，但事实是说出的话已经伤害到了这位顾客的自尊心，导致交易失败。具体在赞美的时候，最好能做到以下几点：

（1）多用赞美之词，如店员可以说“这款式的衣服很配您的气质”“您穿这个颜色皮肤更加白皙了”等。

（2）不出众的顾客也要赞美。

（3）赞美必须真诚、得体。还需注意的是，男女不同性别的赞美也应有所区分，不能说男性为漂亮或赞美女性帅气。

（4）养成赞美人的习惯，当你口吐珠玉时，顾客不仅对店员的印象很深刻，也对店铺的整体感受有大幅度的提高，日积月累，店铺的气场就能获得很大的提升。

笑对抱怨

和顾客打交道，最头疼的莫过于顾客的抱怨了。面对他们的不满，作为店铺方该以什么样的姿态出现、如何解决问题，这是相当重要的。在这个问题上，有的店铺选择不闻不问，有的店铺选择针锋相对，而有气场的店铺则会笑对抱怨，让顾客把不满的情绪发泄出来。

请问，你能做到这一点吗？

情景范例　这烟是假的吧？

这天，小王刚打开店门营业，就看见昨天刚从他这里买走一条烟的顾客气冲冲地进了店门，语气很强硬地说：“你们竟然卖给我一条皱皱巴巴的烟，这烟是假的吧？我告诉你，今天你们非要给我一个说法不可。”

说完，顾客找了个位置怒气满面地坐下了。小王一听连忙倒了一杯水递给那位顾客，说：“您先歇歇喝口水。是我们一时疏忽，卖给您前没好好检查一下商品的卖相。但我敢保证，我们的烟绝对是真的，这条可能是库存时压着了。您先坐着，我这就给您换一条新的。”

小王随后就拿出一条新的，还带了另外一小包，他拆开后递给那位顾客说：“您先点一根尝尝，看我们的烟是不是假的。您要觉得是假的，我二话不说就让你退钱。”

那位顾客一听小王的话气就消了大半，笑着说：“不是假的就行，试抽就算了吧。”最后临走，小王作为道歉，免费赠送了那包烟。顾客也就高高兴兴地走了。

面对顾客的不满情绪，最忌讳的就是针锋相对，在没有搞清楚状况的情况下胡乱回复，甚至在语言上伤害顾客。很多店铺在遇到顾客抱怨的时候就是希望通过这种方式把顾客“骂”回去。暂且不管这样做是不是触犯法律，有一点是肯定的：一旦你和顾客对骂起来，店铺的气场在瞬间坍塌。特别是发生一群顾客围攻店铺的情况时，气场的损失会更大。

那么该如何应对这种情况？我的建议有以下几点：

（1）确定顾客抱怨的主题，店员应向顾客询问一些细节问题，确定顾客不满的原因在哪里，清楚以后才可能对症下药、解决问题。

（2）对顾客遭遇的不便之处表示道歉。在明确了顾客不满的原因之后，要先对因此给顾客造成的不便真诚道歉。小小的道歉花不了你多少时间，也浪费不了你多少口舌，但在顾客心里却是你承认自己错误的最好表示，也是留住顾客的强而有力的第一步。道歉时最好站在顾客角度，陈述自己的疏忽给顾客造成的困扰，这比机械式的语言更能打动顾客的心，让顾客看到店铺的真诚形象。

（3）针对问题提出切实可行的解决办法。这个时候切忌说：“这个事情要等店主回来才能解决，我们只是店员，没有权力的。”这些话在顾客听来是在推卸责任，那么之前稳定顾客情绪的工作就白做了。

（4）对顾客的承诺要兑现。当对顾客许下承诺时，就要想尽办法实现它，而不是敷衍、欺骗顾客；否则，后果会很严重。

人性化管理

这一点是针对店员来说的。在整个交易过程中，店员起到了关键性的作用。所以选择一个好的店员关乎店铺的生存和发展，也关乎店铺的气场。很多店铺的经营者不惜花重金从别的店铺挖掘人才，但是却不懂得好好珍惜，没有实行人性化管理，以至于出现人才流失的情况，给店铺的气场减了分。

人性化管理对于店铺的气场到底有多重要？看一个范例你就明白了：

情景范例

老店员都走光了

某金牌手机店近来的店员流动性非常大，除一些老店员陆续辞职之外，连新来的店员也在试用期内纷纷递辞呈走人。店长为此很是郁闷，总经理因为人员流动性大严重影响店铺工作，狠狠地批了他一顿。

这天，他一人独坐在办公室，恰好店内唯一的一位老店员进来有事，他们聊到这些店员离职的事情，这位店员说："店长，其实不怕跟你说实话，你知道他们为什么走吗？就是因为咱们这个店的管理模式一点都不考虑店员的感受。动不动就加班不说，碰上个节假日你不放假也好歹表示表示，让我们也高兴高兴。上次小金生病要请假，你不但不准假，还加倍扣他工资，本来他的工资就不高，这么一扣还剩什么。"店长听了后，若有所思：难道真的是自己对下属太没有感情了吗？

店铺要想提高气场，店员的稳定性以及工作的积极性是很有必要的，这就需要店铺经营者在管理的过程中讲究人性化。什么是讲究人性化？我可以用两个标准来说：

第一，尊重店员的合理需求。比如范例中提到的请假、不加班、生病休息等，这些都是合理的需求，店铺经营者应该尊重店员。

第二，迎合店员的内心情感。人与人之间需要情感付出，店员和管理者之间也是如此。店员为你工作，是以一个独立的个体存在的，要充分迎合店员的内心情感，给予必要的关心和理解，让店员感觉到人性的温暖，这样店员才会积极工作，店铺气场才能获得提升。

作为一个店铺，需要完善的地方有很多很多，在此我就不一一赘述了。现在你可以合上书本，好好思考一下：我的店铺哪些地方还需要完善？想好之后把它们记录下来，一步一步去改进吧。

11 第十一章

气场型店铺，就该有所秉持

很多人觉得为了让店铺稳定下来、获得发展，什么事情都可以做，只要赚钱就行。这样的理解是极其错误的。

一个店铺要想具备气场，不能什么事情都做，特别是违法、不道德的事情，更是应该远离。让店铺具备健康的人格和信念，并有所秉持、懂得坚持，气场就会不请自来，店铺也才能得到长久的发展。

你的店铺有所秉持吗？如果没有，这一部分你需要好好看看。

第一节 “店铺的信念”是什么?

很多成功的店铺经营者在接受诸如电视台采访的时候基本上都会提到类似的一句话：我们的店铺不仅仅是一个销售商品的场所，我们还有自己的信念存在……当你没有真正理解这句话的时候，你可能会嗤之以鼻：这些人说话都是有套路的，一个人说自己的店铺有信念，所有的人都跟着说有信念……

事实上，这不是说话的套路，而是他们成功的共同点所在。“店铺的信念”就是他们成功的一个共同点。

“信念”是什么呢？就是一种秉持、一种对理想的坚持。同理，店铺的信念是什么呢？就是店铺所秉持的、店铺经营者对理想的坚持。

给你举个例子：肯德基、麦当劳的信念是什么呢？提供优质的西式快餐。老北京炸酱面的信念是什么呢？传统地道的北京饮食。沃尔玛的信念是什么呢？天天低价……

类似的信念还有很多，通过这些例子你应该明白了其中的含义：信念就是店铺除了销售商品、提供服务之外所专注的方面。有了这些信念的支持，这些店铺至少可以获得三个方面的好处：

第一，将自己和同行区分开来；

第二，打造核心竞争力，提高品牌力；

第三，将店铺的形象丰满化、人格化。

无论是三点中的哪一点，都能帮助店铺获得气场上的提升，大幅度的提升。说了这么多，无非就是想告诉你一件事情：你应该为自己的店铺寻找合适的“信念”，给气场加分。

如果你不知道该如何为自己的店铺寻找合适的“信念”，以下几个原则能够帮到你：

精细化发展原则

所谓精细化发展原则是指把店铺经营定位在“更精”“更细”的方向上，让店铺变得更加专业、更加有针对性地服务于自己的客户群。这是一个经营方向和营销策略，也是你在寻找店铺信念的时候首先要考虑的问题：为了让我的店铺更加专业，我需要做什么事情？当然，要想做得专业，首先应该做的就是舍弃，舍弃一些不必要的、和店铺主体风格不相融合的业务、服务、商品等。尽管这些旁枝末节可能会给店铺带来很多的利润，你也应该果断下手剪除。因为信念看重的是长期的利润，要想提高店铺的气场，眼光应该放长远。

情景范例 我的店铺只卖饺子

在北京东三环，有一家叫“一碗香”的饭馆。这家饭馆坐落在一条胡同里，店面很不起眼，甚至“一碗香”三个字的牌匾都快要掉下来了，走过这里如果你不仔细看，可能都不会发现有这样一家店铺。尽管如此，这家店的生意还是非常好，完全可以用“顾客盈门”来形容。到了中午、晚上的饭点，往往要排上半个小时的队才能轮上。

“一碗香”究竟卖的是什么这么火爆？卖的就是饺子。各种馅儿的饺子，在“一碗香”里几乎都能吃到，而且味道鲜美，一般的饺子店根本无法媲美。也正因为如此，附近的人都喜欢到“一碗香”来吃。

曾经有个顾客和“一碗香”老板聊天，问道：“你的手艺这么好，怎么不把饭店开大点呢？炒菜、炖菜什么的都可以做，早上还可以做包子、蒸饺，那样你不是可以赚得更多？”

老板笑了笑说：“我的店只卖饺子，只卖你们觉得好吃的饺子。”

“为什么呢？”顾客继续问道。

“这是我的专业，也是我店铺的招牌。”老板回答得异常坚定。

这个老板是睿智的，至少在“店铺信念”的定位上是正确的：只卖饺子，只卖大家觉得好吃的饺子，而不是一个普通的饭店，什么都做。如果老板听从顾客的建议，什么都做，可能反而会赚得少了。

顾客精神需求满足原则

所谓顾客精神需求满足是指把店铺的信念定位在“满足顾客精神需求”的角度上。在我们身边，绝大部分的店铺都仅仅满足了顾客物质上的、生理上的需求，而对心理、精神上的需求则很少满足，甚至还亏欠很多。这种“一边倒”的情况也让店铺气场逊色不少。

现在，你要改变这种情况，不仅要满足顾客物质、生理上的需求，而且还要满足心理上、精神上的需求，并且后者的工作一定要好过前者。

情景范例

追求“个性”“自由”

在美国纽约，有一个奇特的时装店，它的奇特之处使得它成为了附近乃至全世界都独一无二的时装店。

在时装店门口，霓虹灯招牌闪闪发光，“独一无二商店”几个大字时隐时现。而走进这家店铺，你就会发现店堂里面的几张桌子上整齐地摆着十几排颜料，每排几十瓶，各种各样的都有。当然，在旁边，还有各种各样的绘画工具。

再放眼看过去，墙壁上有“绘画、创造和卓越”“艺术之潮”“发现你的艺术才能”“没有年龄限制，没有时间限制，没有任何限制”几行大字，颜色鲜艳，字体不一，似乎在召唤过往的行人和进店的顾客。不仅如此，迎街的橱窗上还挂了几件圆领衫，上面或绘着女人头像，或画着山水花草，或乱七八糟涂几笔，件件皆是“杰作”，“独一无二”。

该时装商店除了销售各式男女服装，还有创造“杰作”的“艺术之角”，店里所有没有图案的衣服都可以立即在“艺术之角”进行创作和艺术加工。顾客们花上几美元购得一件作为“原料”的白色圆领衫之后，如若灵感激发，想发挥自己的艺术才能，可免费使用这里的不褪色颜料和绘画工具，随心所欲地为白色圆领衫画图案；若想请人代笔，则每件付画费七八美元。

最吸引人的是“自然创作”。所谓“自然创作”，就是在一个转盘上抹上颜料，将圆领衫铺在上面，再盖上玻璃罩，然后开动机器旋转，随后取出圆领衫，一幅创作佳品便制作完毕，至于衣服上画的是什么，任凭顾客海阔天空地自由想象，每件衬衫上的图案都是举世孤品，独一无二。当然，使用机器还得交几美元。

商店的老板说“美国人追求新奇，千方百计与别人不一样”，这恐怕是他经营“独一无二商店”的最好诠释，这个商店能吸引众多的顾客，在于它的新奇，新奇便是一种广告宣传。

随心所欲地在时装上作画，彰显自己的个性和绘画才能，这就是“独一无二商店”在满足顾客精神需求上所做的努力，它的信念就是彰显顾客的个性、自由、独一无二……也正因为如此，它真的成了“独一无二”的商店，气场自然不会弱。

附加文化价值原则

店铺是个经营个体，在很多人的心目中，这就是一种“纯经济”的存在。

事实上，如果能够把它附加上一些文化价值，让“纯经济”的里面融合进一些文化内涵，对于提升店铺的气场也是有很大帮助的。

这是一个讲究文化、崇尚文化的时代，任何东西，附着上“文化”二字，都能身价倍增，无论是商品还是服务，店铺也不例外。比如老北京炸酱面，里面附着有“老北京历史”的文化价值，“橘子洲头”附着有“伟人”的文化价值，“大清花”附着有“满清历史”的文化价值……店铺还是原来的那个店铺，但给人的感觉就不一样了。

现在，不妨想一想：你的店铺是不是能够附着上一些文化的因素呢？把你的想法写在下面的空格中：

____

____

____

》引领潮流原则

在经营过程中，你可能遇到一些店铺，它们有着明确的目的性，有的店铺就是给顾客提供最好的服务，有的是给顾客提供优质的商品，而有的则仅仅是引领当下的潮流、时尚。比如说一些时装店、美容化妆品店、美发店等。

引领潮流，这也是一种信念。在这方面，比较值得借鉴的两个店铺是“潮流前线”和“审美”。一个在韩式服装店铺领域，一个在美发店铺行业，都比较有代表性。

》独特个性原则

“为个性服务”“为个性的人服务”“为个性埋单”等，这是很多店铺提出的口号。个性，已经成为时代的潮流，同时也是很多店铺的经营信念所在：不个性的商品不卖、无个性的服务不提供……特别是针对年轻人的店铺，这种情况更加普遍。

在你苦苦为自己店铺定位“信念”的时候，你也可以自问一下：我的店铺够个性吗？如果你觉得有这方面的潜质，不妨发展一下，效果或许很不错。

关于寻找“店铺的信念”，遵循以上这些原则，基本上就能找到你想要的答案。不过你要记住一点，原则不是条条框框，非要你去满足，而是为你指引方向，给你一些思路而已。最终你还得根据自己店铺的实际情况，找到切合实际的信念。

第二节 别把赚钱当成唯一目标

看了前面的内容你可能就要说了：店铺做这么多不就是为了赚钱吗？这一点我不可否认，做店铺就是为了赚钱，但我还是要告诉你一点：赚钱不是唯一的目标。一个有气场的店铺，除了赚钱之外，还有一些附加的价值存在。并且这些附加价值会促进店铺的利润最大化。

那么，店铺的附加价值是什么？不同的店铺可能会有不同的答案，以下几点是比较常见的，你可以把它们当成一个参考：

》正面的店铺形象

每个店铺都是具备形象的，形象的好坏与否直接关系到店铺的经营。说到店铺的形象，你可能脑子中一闪而过的是店员的形象。确实，店员的形象在一定程度上代表了店铺的形象。不过我今天要讲的可不仅仅局限于此，而是更加全面、更加深入的形象。比如店铺的慈善行为、店铺给顾客带来的意识形态影响、店铺内在的文化素养等。

说到这些内容，你会觉得有些晦涩难懂，其实很好理解：关注店铺的形象不应仅仅停留在外表，而应该深入内在，判断它是否能够给我们带来正面的影响。

情景范例 买乐寿，表孝心

“乐寿”老年店铺是一家专门销售老年商品的店铺，新开业不久，知名度低，无法受到顾客的重视，气场严重不足。对于店铺的余老板来说，现在唯一要做的就是进行广告宣传，扩大店铺知名度。

可是在如何进行广告宣传的问题上，余老板和员工们的意见出现了分歧。余老板希望通过电视媒体和纸质媒体进行广告宣传，可是员工们却觉得这种宣传方式不仅老套，而且效果并不明显。余老板一想，员工们说得也有道理。那么该如何做才能既达到广告效应，又取得明显的效果呢？余老板和员工进行探讨。最后，他们得出一致的结论：举办一场评选模范双星的活动。

在这次模范双星的评选活动中，双星主要是和老年人有关系的“寿星”和“孝星”，余老板希望通过这次评选活动，让人们不仅能够知道有个叫“乐寿”的老年商品店铺存在，而且也激起人们善待老人、孝顺老人的良好风气，最终树立店铺的正面形象。

为了能让活动取得圆满成功，余先生和电视媒体合作，将这一评选活动进行全程直播。在一次次的直播过程中，“乐寿”店铺的名字一次又一次地被提及，也渐渐地深入人心。在活动圆满结束之时，余先生还带着一些商品走访慰问了敬老院，把产品免费送给敬老院里的老人，一时间，“乐寿”的正面形象树立了起来。

经过这些活动，店铺的生意果然火爆了许多，很多人正是因为看了评选活动之后才发现在很长一段时间里，自己都忘记了身边的老人需要照顾，需要快乐。借着这次机会，他们想要表示一下自己的孝心，给老年人带来健康和快乐。毕竟等到“子欲养而亲不待”的时候再来后悔就太迟了。

表面上看，这只不过是乐寿店铺进行的一次促销活动而已。可是通过这次促销活动，人们开始关注“孝心”、“老人”。这种人性的回归就是一种健康的意识形态、正面的店铺形象。以后只要人们一说起孝心、老人，都会不由自主地想到乐寿。

那么乐寿这个店铺的气场，又怎么会弱呢？

健康的意识导向

健康，是当今社会的普遍追求。之所以大家都在追求健康，是因为他们不够健康。比如我们生活的环境、饮食、工作方式等都处在一种“不健康”的状态之下，严重威胁我们的生活质量。在这种背景下，人们在日常生活当中，不仅仅以健康的生活方式来要求自己，而且以同样的标准来要求店铺。换句话说，如果店铺无法达到“健康”的标准，就会被顾客所抛弃、陷入“关门大吉”的漩涡之中。

健康的意识导向，给了店铺巨大的挑战，也给了它提升气场的良好机会，就看你会不会用、懂不懂得用了。

情景范例　拿“环保”大做文章

“卡尔坚”是一家座落在植物园附近的专营建材的店铺，这几年随着房地产事业的发达，“卡尔坚”也变得火爆起来。可是即便如此，“卡尔坚”的销售还是出现了一些阻碍，原因很简单：现在的建材装修都提倡环保，而很多顾客则怀疑“卡尔坚”店铺里出售的建材不符合标准。

为了改变顾客的这种态度，“卡尔坚”做了很多努力，但是效果一直都不是非常明显。无奈之下，“卡尔坚”的老板开始向一些有经验的营销者请教，最后得到答案：既然是要突显产品的环保性能，那么店铺最好做一些和环保主题有关的促销。

受到启发的“卡尔坚”老板很快就有了主意。他先是和周边的植物园取得了联系，用每年3万元的代价购买了一片空地的植树权和署名权。也就是说，在这片空地上，店铺可以在植物园的统一规划下进行植树造林的活动，并且这片空地将以店铺的名字署名，对于其中的植物，“卡尔坚”也有署名的权利。随后，“卡尔坚”举行了有奖销售的促销活动，而奖品就是植物园中植物的植树权和署名权。

促销方案规定，凡是在“卡尔坚”购买建材的顾客，都有机会参加抽奖活动，只要中奖，那么在以“卡尔坚”命名的空地上，顾客就可以随意栽种一颗树木，并且对他进行命名。可以用自己的名字命名，也可以用其他有意义的名字命名。

此次促销活动的告示被贴出之后，很快就吸引了顾客的注意，他们纷纷来到店铺选购商品并且参加抽奖，希望自己能获得这个难得的机会，在植物园留下自己亲手栽种的树木和自己的名字。

最终，在“卡尔坚”的统一安排下，那一片空地很快就变成绿地，并且每一棵树上都挂着栽种者留下的名字。也正是因为这个活动，“卡尔坚”还获得市政府颁发的“环保奖”。

至此，“卡尔坚”建材城开始深入人心，人们再也没有怀疑“卡尔坚”店铺里所销售的商品不环保了，销售量开始有了大幅提升。

环保和健康是紧密联系在一起的，通过促销活动把“环保”纳入其中，正是向顾客宣传一个意识：我的商品是环保的、健康的。在打消顾客疑虑的同时，尽最大可能地提升店铺的气场。事实证明：卡尔坚的做法是成功的，气场是强大的。

顾客情绪的迎合

顾客在选购商品、选择店铺消费的时候往往是带着某种情绪的。可能你早就意识到了这一点，只是你还不知道该如何利用这一点来提升店铺的附加价值，这是相当遗憾的。利用顾客的情绪，就等于牵着顾客的鼻子走。很多店铺就是因为懂得迎合顾客的这种情绪，店铺的销售和气场都获得了很大的提高。不信，我们就来看这样一个范例：

情景范例

响应顾客的号召

2011年10月，顾客林某在北京安亚商厦购买一台某品牌电视机。两天之后的晚上，林某打开电视机约20分钟后，突然“啪、啪”两声，声像全无。第二天上午，林某就找到商厦寻找帮助。经商厦维修部检验认定是显像管烧坏。而按国家规定，显像管作为彩电的最大部件，生产厂家在商品售出三年内要对其质量负责。为此，安亚商厦多次与该品牌公司北京办事处联系，但对方均推诿而未予处理。

当时正值年末，安亚商厦为使顾客在节日看到电视，决定先出资更换修理。但该品牌维修站却不愿以出厂价出售显像管。最后，安亚维修部只好通过熟人从香港买到显像管，将这台该品牌电视机修好后送到顾客林某手中。

在维修好了林某的电视机之后，安亚商厦又先后多次向该品牌方面提出索赔要求，都没有得到满意的答复。

为此，安亚商厦于2011年10月底举行了新闻发布会，向媒体透露了这一事件，并毅然决定，宁可损失经营该品牌产品每月可带来的180万~200万元的营业额，也要把该品牌的所有产品毫不留情地“请”出安亚商场。

这一举动立刻引起了大家的关注，也得到了大家的支持。很多商厦开始效仿安亚的行为，把该品牌的所有产品“请”出自己的店铺。在得知安亚作出这样的决定和大家的反应之后，该品牌才意识到问题的严重性，立即派人前来寻找解决的办法，而安亚则响应顾客的号召，拒绝和该品牌进行协商。

这一事件很快被各大媒体争相报到，一时间，安亚成了顾客心目中的消费卫士。

在经过40天的波折以后，该品牌北京办事处主任及其两位代表于12月初到安亚商厦递交了《致林××先生及北京安亚商厦有限公司的歉意书》，并接受安亚提出的三项条件即公开道歉、赔偿有关费用损失、承诺今后加强售后服务。第二天，报纸刊登了歉意书，安亚这才恢复销售所有该品牌产品。

毫无疑问，通过这次事件之后，安亚商厦的气场已经变得非常强大，而且具有了“消费卫士”的附加价值，这一切都源于它迎合了顾客的情绪，响应了顾客的号召。

不要小看这样一件事情，它带给店铺的改变是巨大的。如果你的店铺正好有类似的事情发生，你是不是该考虑使用呢？

经营店铺当然需要赚钱，但它不应该是唯一的目标。除此之外，多多关注店铺内在的附加价值，对于提升店铺的气场是非常有帮助的。不管你的店铺给予顾客什么样的附加价值，和那些“唯利是图”的店铺相比，你的气场总是略胜一筹。

第三节 店铺也该有自己的“人格”

如果你和经营店铺的人聊天，或者阅读一些店铺经营类的书籍，可能经常会接触到一句话：做店铺就是在做人。这句话什么意思呢？我们可以从两个方面去理解：

第一，要以做人的标准来经营店铺，不能做伤害顾客的事情；

第二，店铺应该有自己的“人格”，即将店铺的形象“人格化”。

对于前面一点，你可能已经了解了很多，对此也有自己的理解和感受，而第二点，则很少有人关注，即便关注了，也很少能够了解其中真正的意思，更无法通过店铺形象人格化来提升气场，所以在这一点上你最好花更多的时间来了解，这对你提升店铺气场会有很大的帮助。

如何塑造店铺的人格？方法有很多，不过都遵循一个原则：统一。比如商品的形象和店铺形象的统一、顾客类型和店铺形象的统一等。在接下来的内容当中，我会详细向你解释这些内容。

根据商品属性塑造“人格”

商品，是店铺的主体。不同的商品，会有不同的用途、风格、潮流和流派等，这就好比每个人都有自己的职业、性格一样。通过了解商品的风格来确定店铺的“人格”，这是一种比较可行、容易想到的方法。

这是什么意思呢？我来给你举个例子：化妆品分为很多种，有保养的、清洁的、滋润的、补水的等，如果你的店铺销售的化妆品是清洁的，那么就可以将店铺的“人格”定位在“清新”“靓丽”上，这样做有两方面的好处：

第一，将自己店铺的商品和同类商品区分开来；

第二，店铺形象整体化，提高店铺的整体气场。

尽管很多店铺都这么做，但你却似乎并不了解他们为什么要这么做。其实答案很简单：如果你的店铺“人格”和商品属性不搭，顾客不愿意进来消费。试想一下：一个卖化妆品的店铺以“黑暗”“邪恶”的“人格”出现，又怎么能吸引顾客呢？

根据产品使用者塑造“人格”

很多店铺经营者在经营过程中并不善于关注自己的顾客群是谁，他们只是在简单地卖货，顾客来了，选了商品，他们只是收钱、找钱，如此而已。实际上在这个过程当中，店铺经营者有很多的事情要做，比如了解产品的使用者就是其中之一。

为什么要了解产品的使用者？原因就在于只有了解你的顾客群，你才能知道什么样的店铺人格能够吸引你的顾客，从而提升店铺的气场。举个很简单的例子：如果你的店铺销售的是运动产品，那么来你店铺消费的顾客一般都有阳光、爱运动、开朗、有健康意识、心态平和等特点，那么在塑造店铺“人格”的时候，你就可以往“阳光”“开朗”“积极”的方面努力。

想想看，你所看到过的销售运动产品的店铺是不是如此呢？

利用事件来塑造“人格”

这里的事件可以分为两种：正面的和负面的。利用正面的事件来提升店铺的气场、塑造店铺的“人格”你肯定会，而且也见了不少，在这里我不说太多。不过你可能忽略了一点：当店铺经历一些负面事件的时候，同样可以利用它来塑造“人格”，只不过是以“教训”“惨痛过去”“痛改前非”的状态出现。

举个例子：某超市因为一时疏忽，出售了过期食品，使得食用了该食品的顾客产生了食物中毒事件。此事被媒体曝光之后，店铺的气场瞬间跌停。不过这个店铺并没有因此而倒闭，而是真诚地道歉、处理这件事情，最终获得了人们的理解。经历了这件事情之后，这家超市塑造了“质量保证”“服务放心”“坦诚相待”的店铺“人格”，效果非常不错。

因祸得福，这在塑造店铺人格的时候同样适用。

情景范例　“现场作业”改变店铺形象

2011年10月，天津“天宇”商场曾经因为出售一件充了“黑心棉”的羽绒服而遭到顾客的唾弃，很多人都表示不再去“天宇”购物。曾经人来人往的“天宇”一下子冷清了下来，情况十分紧急。

针对这种情况，“天宇”决定对羽绒类商品进行促销，而促销的方案正是利用“现场效应”来提高销售量。首先“天宇”和浙江丽水羽绒厂取得了联系，决定在自己的店铺举行“现场充绒”的活动，这样一来不仅可以吸引顾客的注意，而且还能让顾客相信自己店铺的商品是正宗的，不是伪劣的商品。

其次就是做足广告，让顾客都知道自己的店铺将举行“现场充绒”的活动。

到活动举行的那一天，果然有很多顾客前来观看，只见现场的工作人员将羽绒、被套、充绒机器和缝纫机都搬到了柜台前面，实行羽绒现场过秤、现场充绒、现场缝制、现场销售。在柜台前除了忙碌工作的员工之外，都是熙熙攘攘的顾客，他们都想看看这些商品到底是怎么制作的。而在顾客的面前，摆放着好几种不同规格样式的套件和好几种不同种类的羽绒，这些顾客都可以进行任意挑选，挑选好了，现场的工作人员就可以进行现场制作，然后现场销售。

当然，羽绒和套件之间的组合都是任意的，羽绒的分量、成分之间的选择也都是任意的。这一实打实的促销方式改变了人们对“天宇”羽绒产品的怀疑，解除了顾客的后顾之忧，使得“天宇”商场的羽绒类商品的销售量一下提高了好几十倍。

正如现场的一位顾客所说的那样：“这比买到真货还要真，机会难得，大家肯定都会去购买的。”现场充绒的消息一传十、十传百，顾客纷至沓来，“天宇”的门前又热闹了起来。最重要的是，经过这件事情的“天宇”开始严把质量关，正努力打造成“高品质购物一条街”。

利用老板性格塑造“人格”

在前面的内容当中我们已经讲到一点：店铺老板的气场能够影响到店铺的气场，那么是不是可以根据店铺经营者的性格来塑造店铺的“人格”呢？答案是肯定的。比如老板是一个性格正直温和的人，那么店铺的“人格”就可以是“感恩”“正义”“善良”的。要想达到这个目的，可以通过慈善活动、举办主题促销活动、特别事件等方式进行。

情景范例　“宠乐”宠物粮食店铺“变味”了

在上海经营“宠乐”宠物粮食店铺的和老板是一个非常有爱心的人，他的爱心不仅体现在对待家人身上，也体现在对待小动物的身上。收养流浪动物就是一个典型的表现。遗憾的是，和老板能力有限，流浪动物实在太多，该怎么办？和老板决定在自己的店铺举行“免费领养”的促销活动。凡是在自己店铺购买宠物粮达到一定数量的顾客都可以得到一次领养的机会，如果领养成功，就和店铺签订领养协议，保证不再丢弃小动物，并且还能得到和老板赠予的一个星期宠物食粮。

或许有人要问，顾客会领养这些小动物吗？和老板觉得很有把握，因为到这个店铺来购买宠物粮的顾客家里肯定也有宠物，并且他们的经济条件并不差，一个宠物和两个宠物对他们来说并没有什么大的区别。

另外，这些顾客带来的小孩子几乎就没有一个能逃脱宠物对他们的诱惑，无论是小猫小狗还是其他的宠物，那活泼可爱的样子总是能让这些小孩子说服家长领养。

因此，在接下来的一个月当中，和老板的店铺总是人来人往，看着一个个被领养走的小动物，和老板欣慰不已。渐渐地，“宠乐”在人们的心中，已经不仅仅只是宠物粮食店那么简单了，它代表着爱心、关怀、感恩。

第四节　既然秉持，就该坚持到底

通过上面内容的学习，你已经为自己的店铺找到了合适的信念，接下来要做的事情就是坚持，日复一日、年复一年的坚持。我们都知道，寻找适合自己店铺的信念和“人格”很难，而坚持下来则更难。

综观我们身边的一些店铺，在刚刚开业或者刚刚找到信念的时候，经营得很好，可是日久天长，这种信念开始慢慢淡化，甚至变了味儿。很显然，这些店铺尽管从表面上看经营状况良好，但要想维持很久是有难度的。没有坚持，就没有长久的气场，这是一个无法改变的真理。

怎么样做才能真正坚持下来？很多人都在寻找答案。现在我就来告诉你：

规章制度化

什么是规章制度化？简单点说就是把店铺所坚持的内容变成规章制度，要求所有人都去遵守。这样做的目的有两个：第一，合理规范化；第二，便于坚持。说到这里，很多人可能觉得这么做有点大题小做了，根本没有必要。其实不然。毕竟任何一个人，都是有惰性存在的，一旦你的惰性影响到了你的坚持，那么结果只有一个：前功尽弃。

情景范例 **无理由退货是规定**

内蒙古“牧之人”店铺是一个专卖毛线的店铺，在这里，售出的毛线随时可以退换，不仅是质量有问题的毛线可以退换，而且用剩下的零碎毛线也可以退换，只要顾客拿出销售发票，这一切都将非常容易。

那么为什么这个店铺就能这么顺利地退货呢？原因就是这个店铺在发现了其他店铺有着退货难的现象存在之后，把“无理由退货”当成了店铺的一块招牌，并且把它写进了店铺的规章制度之中。正是这样的举动，使得“牧之人”店铺名声在外。

有一次，一个顾客购买了350克毛线，织成上衣之后却发现衣服前面和后面的颜色非常不搭调，这位顾客很难确定是不是属于毛线质量有问题，但她还是抱着试试看的心情来到了“牧之人”店铺，要求退货。

“牧之人”店铺在了解了这位女士的事情之后，二话没说，立刻按照原价将钱退给了这个顾客，后来这个顾客就成了“牧之人”店铺的固定顾客。

事后顾客问帮助她退货的服务员：“很多店铺都没有办法做到无理由退货，请问你们是怎么做到的？”

服务员笑了笑说：“无理由退货是我们店铺的规定，必须执行。”

原来如此。

那么无理由退货的方案会不会给店铺带麻烦，让店铺受到损失呢？事实证明，这样的担忧是多余的，因为“牧之人”的坚持，已经赢得越来越多的回头客和老顾客所介绍的新顾客，店铺的经济效益不但不会受到影响，反而不断提高。

形成店铺文化

什么是店铺文化？

店铺文化是店铺的灵魂，几乎所有的经营、决策、管理都会围绕着店铺文化展开。如果一个店铺失去了自己的文化，就像一个人失去了灵魂一样。这说明一个什么问题呢？店铺文化将会一直存在，并影响店铺的生存和发展。如果我们能够把店铺所坚持的内容变成店铺文化，那么坚持不就变得简单了吗？

情景范例　“有求必应”的店铺文化

随着电脑的普及，售后维修不力的情况越来越严重。有的维修部门不仅不能满足顾客的服务需求，还推脱店铺的责任，置顾客于不闻不问的境地。如果长此以往，店铺的生存就会受到威胁。

为了改变这种情况，“一点力”电脑维修店把“有求必应”当成了自己的店铺文化，要求每个店员进行每次服务时都要做到“有求必应”。店铺路老板解释：只有想顾客之所想，才能赢得顾客认可，才能打响店铺品牌。

记得有一次，一个顾客打电话来说自己的电脑启动不了，经过路老板的诊断是内存条松动，而那位顾客却说自己不会搞。为了帮助这个顾客解决问题，路老板竟然用了一个下午的时间。

可是路老板的时间并没有白费，正是这一次看似平常的售后服务，赢得了那位顾客的信赖，而那位顾客为了回报路老板，帮助路老板拉了三个客户。最重要的是，“一点力”的坚持使得它成为当地最为有名的电脑维修店铺。

》店员的培训强化

要想坚持店铺的信念或者“人格”，靠店铺经营者一个人是无法完成的，还需要店铺内其他店员的帮助和支持。缺少了这一点，坚持就是一句空话。

那么现在一个问题出来了：如何获得他们的认可和支持？通常最为直接的做法就是对他们进行培训，让他们了解你的想法、认可你的做法，最终遵循你的坚持。

要知道，培训并不仅仅是授予技术的过程，而且也是一个思想交融、意见碰撞认可的过程。尽管在这个过程当中，可能会遇到一些激烈的对抗情绪，不过你不能因为遭遇一些挫折而放弃。

坚持、坚持，还是坚持，你能做到吗？

》获得周围人认同

请你试想这样一种情况：当你想要去做一件事情或者坚持某个观点的时候，却遭到了周围人的否定和反抗，请问，你会怎么做？

在一项调查当中，85%的人选择了“放弃”，10%的人会修正自己的观点，仅仅只有5%的人选择坚持。这三个数据说明了一点，周围人的认同对于你坚持某件事情或者某个观点非常重要，甚至能够左右结果。“众口铄金、积毁销骨”的道理相信你一定知道。

那么当你的坚持不被周围人所认同、接受的时候，你该怎么做？有两个方法可以选择：

第一，沟通，让他们了解并认同你的想法；

第二，证明给他们看，用事实来获得他们的认同。

在店铺的经营过程中，要想获得周围人的认同，还有一点非常重要：谁是你的“周围人”？在这里我提醒你一句：你的“周围人”有三个部分：

第一，你的店员，比如你的店长、一线推销员、督导员、领班等；

第二，你的家人，特别是你的爱人孩子；

第三，你的顾客，尤其要关注回头客、固定顾客；

第四，你的合伙人，比如供货商、下级经销商等。

坚持，没有想象中那么容易，也没有想象中那么难，关键就看你如何去对待。只要你真的想去坚持，方法总还是有的。

12 第十二章

吸引力，你知道该如何定位吗?

吸引力，是店铺气场一个不可分割的部分。对这一点你可能也知道，甚至也在这方面做了努力。那么最后效果如何呢? 是不是不太理想?

其实，每个店铺所存在的吸引力都是不同的，对此，店铺经营者应该进行精确的定位，而不是照搬照抄其他店铺或者竞争对手。在此还要着重说明一点：同类店铺之间的吸引力也是很不一样的。不要以为别人的店铺在这方面获得了成功，自己也能效仿并获得好的成效。这样盲目的提高吸引力，效果不会理想。

那么吸引力该如何定位呢? 这就是本章内容要解决的问题。如果你觉得这部分对你来说非常重要，不妨多花点时间来阅读和研究。

第一节 测试：你的店铺具有吸引力吗?

具备吸引力，是提高店铺进店率、成交率的关键保障。

那么你的店铺吸引力到底如何呢？是不是需要开展“吸引力运动”呢？我们先来进行一个测试，从中你能找到答案：

1. 你的店铺更多的是给哪类人提供的商品或者服务?

A. 女人和孩子　　B. 男人和老年人　　C. 基本上都有

2. 你觉得自己店铺有特色吗?

A. 很有特色，能得到认可

B. 一般，可以再提高

C. 没特色，需要改正

3. 你的周围同类店铺多吗?

A. 很少　　B. 一般　　C. 很多

4. 你认为自己在店铺细节上做得怎么样?

A. 做得很好　　B. 差不多　　C. 做得不好

5. 你或者店员们在为顾客服务的时候，常面带微笑吗?

A. 是的，这是我们店铺的最基本要求

B. 有些时候，有些店员无法做到

C. 没有注意到这一点

6. 你的店铺常常给顾客优惠或者打折吗?

A. 是的，我们有专门的打折机制

B. 会根据节假日临时决定

C. 没有，折扣多了利润就少了

7. 你的店铺出售的商品或者提供的服务能影响周围人吗?

A. 能，影响了大部分人

B. 能影响少量人

C. 不能，他们没有丝毫改变

8. 你的店铺经常更新商品或者服务吗？

A. 是的，定期更新　　B. 不定期　　C. 从不更新

9. 你的店铺是否有不计回报的付出？

A. 是的，经常性

B. 偶尔，根据实际情况

C. 没有，从来没有

10. 你知道自己的顾客群真正想要的是什么吗？

A. 清楚，我们正在努力满足他们

B. 有些清楚，有些不清楚

C. 不清楚，我管他们呢

11. 顾客在你的店铺消费感觉惬意吗？

A. 很惬意，很多顾客表明了这一点

B. 可能很惬意，至少他们没表示反感

C. 没有关注这一点

12. 你相信店铺有吸引力这种说法吗？

A. 相信，我已经深刻感受到这一点了

B. 有时候，不是特别相信

C. 不相信，那是骗人的

13. 你的店铺是否曾经开展过“提升吸引力”的活动？

A. 是的，经常性

B. 有过一两次

C. 从来没有过

14. 你是否想过提升自己店铺的品牌？

A. 是的，我正努力这么做

B. 只是想想而已，行动不多

C. 从来没有想过

15. 你是否给顾客做过精确定位？

A. 是的，做过，效果很好

B. 做过，但效果不大

C. 从来没有做过

16. 你店铺内商品的分类和服务的档次是否明确？

A. 是的，非常明确　　B. 有一些比较混乱　　C. 很混乱

17. 顾客对你店铺的印象如何？

A. 很好　　B. 差不多　　C. 不好

18. 对店铺的经营，你是否请教过专业的人士或者借助相关图书？

A. 经常　　B. 偶尔　　C. 从不

19. 你认为自己的经营是否存在问题？

A. 没有　　B. 可能　　C. 是的

20. 你对提升自己店铺的吸引力是否有信心？

A. 是的，很有信心　　B. 看情况　　C. 没有信心

评分标准：

选择 A：3 分

选择 B：2 分

选择 C：1 分

现在，请统计你店铺的得分：____________。

答案解读

◎ 如果得分处在 20~33 分，说明你的店铺对于顾客没有足够的吸引力，属于“很容易被忽视”“当做不存在”的店铺类型。很显然，你的店铺销售业绩很不好，如果长此以往，生存都会受到威胁，要想成为一个旺铺，你还有很长一段路要走，要做的工作还很多，所以你得付出更多的努力。

◎ 如果得分处在 34~47 分，说明你的店铺对于顾客的吸引力比较一般，如果你的周围有强劲的竞争对手，就很容易被忽略掉。尽管你的店铺现在销售情况还不错，但这种情况可能只是暂时的，你千万不能掉以轻心，否则情况将

会很糟糕。

◎ 如果得分处在 48~60 分，恭喜你，你的店铺对于顾客的吸引力很高，尽管周围还有竞争对手存在，你的店铺也不会被顾客遗忘。所以，这一章的内容你可以跳过不看，或者进行选择性阅读。不过你也要记住一点：千万不能因此而放松，该做的工作一个都不能少，这样优势才能长存，店铺才能兴旺不衰。

第二节 开展“吸引力运动”

现在，你的店铺是否具有吸引力，这个答案已经非常清楚了。接下来，你就要根据自己的情况进行相应的改变了。对于得分不超过 47 分的店铺经营者来说，开展“吸引力运动”是你接下来要做的工作，刻不容缓。不过你可能和很多人一样，觉得开展这样的运动既费时又费力，对于店铺来说，负担会增加不少，并且最后的结果还不知道如何，是不是真的要开展这个运动，心里还犹豫不决。为了帮你下定决心，现在我们就来看看如果你的店铺提高了吸引力，会获得什么样的利益。

赢得更大的进店率

进店率低一直以来困扰着很多店铺。可能你就曾经为这个问题烦恼过：为什么门前人流如水，而进店消费的人就那么少，尽管这些人进来了，最终交易成功的比率还是很少呢？为什么？

现在我来告诉你：你的店铺不够有吸引力，导致气场低弱。尽管有很多人走过门前，但真正注意到你店铺的人并不多。现代生活节奏很快，很多人都习惯性低头走路，如果没有特别的需求，他们不愿意抬头，像刘姥姥进大观园一样，到处搜寻店铺。如果对这一点，你没有深刻的理解，不妨现在就出门观看一下，看看那些从你店铺门口走过的人是不是习惯性低着头走路？然后把你看到的一切记录在下面的空格中：

____

____

____

由此你可以得出一个结论：要想提高店铺的进店率，那就得满足顾客的特别需求，或者特别满足顾客的需求。做到这两点，店铺对顾客的吸引力就能获得提高。

》提高店铺的竞争力

竞争力不强也是很多店铺在经营过程中经常会遇到的问题，这些店铺常常在和竞争对手的较量当中败下阵来。那么你是否想过这样一个问题：为什么顾客总是选择竞争对手，而不是自己？

我想答案可能是方方面面的，但有一点是肯定的：你的店铺对顾客不具备吸引力。可能是你的商品或者服务不够好，也有可能是你的店铺在细节上做得不到位，甚至你在店铺的定位上出现了问题。竞争力是一个大的概括，它受到方方面面因素的影响，吸引力是其中最为重要的一点。现在，请你好好想想看，你店铺之所以竞争力不强，在吸引力这方面有哪些欠缺呢？同样，把你思考的结果写在下面的空格中：

____

____

____

》提高顾客的“倾向度”

什么是顾客的“倾向度”？简单点说，就是让顾客更加倾向于到你的店铺消费。这里的“倾向度”包括两个方面的内容：顾客对店铺的喜爱以及对店铺的忠诚。

顾客可以选择店铺，而店铺无法选择顾客，这就使得店铺处在“单向选择”的尴尬之中。特别是当你店铺周围出现竞争对手的时候，这种单向性就更加明显。

现在，请你思考一个问题：你该如何做才能提高顾客的“倾向度”？唯一可行的就是提高店铺的吸引力，吸引住顾客才能真正让顾客更加倾向于到你的店铺消费，才能提高进店率、成交率。

》提高店铺的抗风险能力

在我们身边，有很多店铺的生存都会受到各个方面的影响，比如商品库存、伪劣商品、突发事件、不良影响等。面对这些事情，店铺该如何“扛”过去，继续保持良好的销售？这就涉及店铺的“抗风险能力”了。毕竟任何一个店铺都有可能遇到风险，但并不意味着任何一个店铺都能“扛得住”。抗风险能力的大小决定着一个店铺是否能够成为旺铺，也决定着一个店铺的气场。

如何提高店铺的抗风险能力？方法有很多。比如加大资金投入、谨慎经营以降低经营风险、选择更好的经营方向等。不过相比较而言，最适合经营者行动、见效最快的还是提高店铺的吸引力。试想一下：如果你的店铺足够吸引顾客，那么即便你遇到了什么风险，有顾客的支持，店铺还能扛不下去吗？

再联想一下，海底捞曾深陷“勾兑门”事件，经营风险不可谓不大，最后它撑住了吗？它之所以能够抵抗这种经营风险，靠的是什么，靠的就是它对顾客的吸引。

第三节 找到“该死”的吸引力

提高店铺对顾客的吸引力，关乎店铺的生存和发展，这一点是毋庸置疑的。不过当你确认这一点并努力这么去做的时候，一个新的问题又出现了：要想提高店铺的吸引力，不能泛泛而谈，它需要实实在在的行动和改变，店铺需要改观。那么你的店铺应该在哪个方面进行改观呢？换句话说，你店铺的吸引力应该在哪个方面体现出来？是服务，还是商品，抑或是装修？

定位店铺的吸引力，毫无疑问是提升店铺吸引力首先要解决的问题。你只有先定位好店铺的吸引力所在，才能真正着力去解决这一点。对于这一点，你是否有自己的想法呢？

____

____

____

定位自己店铺的吸引力，是一个系统的工作。如果你没有选对方法贸然去做，结果很有可能适得其反：不但没有提升吸引力，而且还会陷入“不伦不类”的困境之中。要想提升店铺的吸引力，可以使用的方法有以下几点：

察言观色，从顾客身上找启发

店铺到底有没有吸引力、该在哪个方面提升吸引力？对此有发言权的不是店铺经营者自己，而是来这个店铺消费的顾客。如果经营者有心，完全可以在顾客的只言片语当中找到自己店铺的吸引力所在，或者找到自己店铺吸引力欠缺的原因。

这里我们可以从两个方面入手：

第一，顾客的赞美和肯定。如果顾客认为你的店铺在某些方面做得还不错，那么就应该坚持下去并把这个点继续发扬光大，从而成为自己店铺的特色、吸引力所在。举个简单的例子来说，一个顾客在用餐之后无意中对服务员说了一句："你们这家店的饭后甜点挺不错的。"那么你就应该留意或者思考了：顾客所认可的这一点是不是可以成为我店铺的特色呢？如果能，这就是吸引力的来源。

第二，顾客的需求和不满足。如果你在和顾客交流的过程当中，发现顾客"意犹未尽"、需求没有得到满足，那么说明你的店铺在某些方面有所欠缺。如果能够把这些方面完善起来，吸引力就能得到提升。同样举个简单的例子，如果一个顾客在用餐之后对服务员说："可惜了，你们店的饭后甜点太难吃了，根本就是难以下咽。"那么你就该考虑一下，如果我能够在饭后甜点上下工夫或者请一个好的甜点师傅，是不是就能让我的店铺人气大旺呢？

要想让自己的店铺成为一个旺铺，除了要做好经营之外，还应该善于察言观色，从顾客身上寻找启发，有针对性地采取措施，效果可能更好。

从缺点入手，把缺点变成优点

在经营过程、商业竞争当中我们常常听到"反败为胜"这个词。这个词的意思你肯定很清楚，可是你是否知道，在提升店铺的吸引力方面，我们同样可以"反败为胜"呢？这里的"败"不是"失败"，而是"缺点"、"不足之处"。换句话说，我们可以把店铺现有的缺点变成店铺以后的优点，变成吸引顾客的地方，这同样是一种"反败为胜"。

现在，你该静下心来好好想想，你的店铺有哪些方面的缺点，在这些缺点当中，又有哪些是可以加以利用变成优点的？

____

____

____

深化店铺经营"主题"

什么是经营的"主题"？在这里我可以给你举个例子：安踏、李宁专卖店的经营主题是“运动”，“伊呀呀”的销售主题是“粉红”和“少女”，沃尔玛的销售主题是“低价”……找到店铺的销售主题，就等于在同行业当中找到了自己的位置。

有主题的店铺一定比百货商店更受顾客的欢迎，更能吸引顾客。现在，我们不仅仅要找到店铺的主题，而且还要进行深化、强化。简单点说，就是把店铺的特色做得更有特色。不过在这里要提醒你一句：深化主题的前提是不要改变主题，否则店铺很有可能陷入“不伦不类”的误区之中。

那么，你店铺现有的主题是什么呢？你准备如何深化呢？把你的方法写在下面：

____

____

____

第四节 好的吸引力在于影响他人

相信通过以上几个部分的工作，你店铺的吸引力已经获得了很大的提升。不过你所提升的吸引力就是好的吸引力吗？在这里我们还是要衡量一番。毕竟只有好的吸引力，才能真正提升店铺的气场，改变店铺的经营状况。那么衡量一个店铺的吸引力好不好，标准是什么？标准就是：是否影响了你的顾客，即是否在你的顾客当中具备了影响力。如果你的店铺影响了你的顾客，那么这种吸引力就是有效的、好的；相反，则可能是无效的，或者不好的。即便现在你的店铺人流如水，也有可能只是暂时的。比如促销带来的人气、折扣带来的人气等。

影响才是衡量店铺吸引力的重要标准。那么这种影响体现在哪些方面呢？

》改变顾客的思维

无论是在生活工作方面，还是在购物消费方面，每个顾客都可能有自己的思维，而正是他们的这种思维，指导着他们的行为，对是否进这个店铺消费做出判断。举个很简单的例子：如果一个顾客在购物上具有“便宜就是好”的思维，而你的店铺销售的是“高品质高价格”的商品，那么他们肯定不会选择来你的店铺消费，因为你的存在和他们的思维不一样。

那么如果你的店铺具有很大的吸引力，并且改变了他的这种思维，让他感觉到“有些时候贵一点也是有好处的”，那么他们可能就会选择你的店铺进行消费，而不是选择那些便宜的店铺，即便没有来消费，至少也不会排斥你，在他们周围的某些人要来消费的时候，不会加以阻止。对于店铺，这就是潜在的气场。

当然，改变顾客的思维，除了要有吸引力之外，店员平时应该对顾客进行宣传，以自己的思维来引导顾客，从而达到“影响”的目的。

》改变顾客的习惯

购物习惯对顾客购物行为的影响是很大的，这一点毋庸置疑。如果你的店铺能够通过提高吸引力来改变顾客的习惯，这也是一种胜利。举个简单的例子：如果以前你的顾客习惯喝可乐或者其他碳酸饮料，那么当你的现磨豆浆店开业之后，以优良的豆浆品质、高效的服务、健康的饮食观念改变顾客的饮食习惯，无疑你这个豆浆店对顾客的吸引力是巨大的，你对周围顾客产生的影响是巨大的。那么这种吸引则是长久的、有效的。

当然，要想改变顾客的习惯并不是说说那么简单的，关键要做好两个方面的工作：

第一方面：全方位展示店铺能够带给顾客的优势，让顾客愿意接受你的改变。举个很简单的例子：某超市最近刚开业，为了能够吸引更多的顾客前来购物，超市不仅大打折扣优惠顾客，而且推出了会员卡的服务，在办理会员卡的地方，超市列出了“成为会员的十大理由”，其中包括“享受更低折扣”“获得更多便利”“能够参与积分返利”“有机会获得大奖”等，毫无疑问，这“十大理由”已经把店铺能够带给会员顾客的优势说得明明白白了，一旦顾客成了这个店铺的会员，那么他们的购物习惯就会不自觉地改变。

第二方面：主动为顾客提供机会，切实帮助顾客改变习惯。举个很简单的例子，某种新口味的果汁上市，为了让顾客接受这种口味，超市的导购人员一般会端着盘子主动给顾客品尝。这就是一种“提供机会”，帮助顾客改变习惯。

》创造顾客的需求

什么叫创造顾客的需求？顾名思义，原本顾客没有这样的需求，而因为你的店铺的吸引，使得他们拥有了这种需求。在麦当劳、肯德基来到中国之前，中国人根本就没有这种吃薯条、啃炸鸡腿、吃汉堡的需求。可是随着它们第一家分店开到中国，它们对顾客的吸引力就创造了顾客的这种需求。并且这种需求一直延续到了今天，影响的范围越来越广，上到老年人，下到小孩子。

如果到现在你还不知道吸引力为何物，不知道影响力为何物，不妨想想肯德基和麦当劳，想想家乐福和沃尔玛。

促进顾客和店铺一起成长

一个人有了吸引力，可以说他成功；一个人有了影响力，会被认为伟大。对于店铺来说，一个店铺有了吸引力，可以说是成功；一个店铺有了影响力，才能真正成为旺铺，成为气场强大的旺铺。

吸引力是一种实现自我价值的表现，而影响力则是一种促进他人共同成长的体现。店铺在影响顾客的过程当中，就是一个相互成长的过程。店铺在成长、顾客也在成长。

我们同样以肯德基和麦当劳为例。当肯德基在 1987 年第一次登陆中国的时候，它对顾客的影响和现在是不一样的，顾客看待它们的眼光、对待它们的态度、对产品的要求都是不一样的。无论是眼光的改变，还是态度的转变，甚至是对产品要求的改变，都是一种成长的轨迹，在这个成长轨迹之上，肯德基这个店铺能够清楚地找到自己的位置。

所以，我们可以得出一个结论：店铺对于顾客的吸引力并不是长久的、不曾改变的。因为顾客在变、顾客的生活在变，店铺要想一直对顾客具有吸引力，也得变。

那么现在，不妨来思考一下，你的店铺的吸引力该如何深化和改变呢？把你的想法写在下面的空格中：

____

____

____

13 第十三章

气场，来自店铺“内心”的强大

对于店铺的生存和发展来说，气场不仅要强大，而且要稳定。无论是店铺遭遇挫折，还是出现了一些负面的事件，这种气场依然能够存在。要做到这一点，着实不容易，但并不等于无计可施。只要店铺修炼好一颗强大的“内心”，这一切都能获得解决。

什么是店铺的“内心”？如何让店铺的“内心”变得强大？如果你对这些问题不够清楚的话，接下来的内容会给你想要的答案。现在，就随我一起来了解吧。

第一节 店铺的“内心”是什么？

我们常说一个人要想成功，就应该有强大的内心。这里的“内心”是指什么意思呢？简单点说，就是具备生存和发展的能力以及抵御风险的能力。那么对于店铺来说，要想提高自己的气场，是不是也应该具备这样的“内心”呢？答案是肯定的。我这么说不是用拟人的手法来告诉你店铺该如何变得有气场，而是真正告诉你该如何理解“店铺的内心”，具体该如何入手，强大“店铺的内心”。

“店铺的内心”包括以下几个方面的内容，我们一一来解释一下。如果你对这部分内容不是特别了解，不妨多花点心思。

店铺该放眼的整个市场

市场是店铺的生存基础和发展依据，店铺只有顺应市场，生存和发展才能找到方向，抵御风险的能力才能获得提高。对于店铺来说，市场强大就是内心强大，顺应市场，就是顺应自己的内心。

放眼市场，几乎每一个店铺经营者都知道这么做，不过真正做到这一点的却不多，甚至还有很多人只是盯着自己的“一亩三分地”。可能我这么说你有点不太服气，不过下面的这些情况你可能遇到过：

◎ 从不去了解自己的市场在哪里；

◎ 不知道市场行情在如何变化；

◎ 对自己的商品、服务的周边市场不了解；

◎ 盲目根据顾客的要求来顺应市场；

◎ 以自我的认识来了解市场；

◎ 市场意识不浓。

类似的情况还有很多。店铺的经营者身上出现这种情况，只能说明一个问题：他们没有放眼整个市场，没有把店铺的生存和发展定位在市场上。

毫无疑问，这样的店铺根本无法抵抗市场的风险，也很难真正提升自己的气场。尽管你可能为之付出了很大的努力，但这种努力就是一种“无根之木”，不会给店铺带来多大的气场效果。

放眼整个市场，这是作为店铺经营者的你在提升店铺气场时应该要做的一件事情。

》所有的客户群

发掘客户群，这是你在店铺经营过程当中经常会遇到的一项工作。那么请问你发掘得如何呢？在发掘的整个过程当中，你的客户是不是越来越多呢？

据统计，将近 90% 的店铺在发掘客户的过程当中，客户是越来越少，而不是越来越多，剩下的 10% 当中，又有将近一半的店铺持平，只有 5% 的店铺客户是越来越多，气场越来越强。

为什么会出现这种情况？原因就在于一点：店铺没有关注所有的客户群，而仅仅是关注其中的一部分。导致了很大一部分客户群的流失，或者被竞争对手抢走。

你的店铺可能有 10 类客户群，但是你很有可能只关注到其中的几类，这几类可能是和你接触比较多的，或者是你认为比较重要的。事实上，当你这么做的时候，无异于带着店铺向着一个“脆弱”的方向而不是“强大”的方向发展。

要理解这一点很简单：客户群越多，店铺的生存和发展保障也就越大；反之，则风险越大。

那么现在不妨趁这个机会，好好理顺一下，你的客户群到底有哪些，以后该如何进行全方位的关注呢？

____

____

____

》竞争对手

竞争对手是敌人，更是朋友。这句话你可能不止一次地听到过，但不一定真的了解其中的意思。为什么竞争对手是敌人又是朋友呢？原因在于两点：

第一，对手给了店铺很多挑战，也给了店铺新的发展机遇。对手在向你挑战的时候，无异于堵死你很多原本可以走的路。这些路的前方并不一定就是光明的未来，还有可能是死胡同。在竞争的过程当中，对手逼着你往更好、更精、更专业的方向发展，这就是一种机遇，挑战之后的机遇。店铺只要好好抓住这些机遇，气场就不成问题。

第二，对手伤害了你的利益，也锻炼了你的抗风险能力。当你的店铺利益遭到竞争对手伤害的时候，你只有两条路可以选择：要么死亡，要么抵抗风险。

久而久之，店铺对风险就产生了一定的应对模式，甚至有了“免疫能力”，这意味着店铺的生存能力获得了提升。这就是一种气场，一种需要通过时间、挫折才能锤炼出来的气场。

有句话说得好，找到一个好的竞争对手，你能少奋斗十年。为什么会这么说呢？原因就在于一点：一个好的竞争对手能让你的内心变得更加强大，变得更加有利于竞争。做人是如此，做店铺也是如此。

要想让店铺的内心变得强大，就不应该害怕对手，而应欢迎对手、主动选择更强劲的对手。

店铺发展的希望、目标

店铺发展需要理清方向，这就是希望和目标。这也是店铺内心一个不可分割的部分，目标远大、希望明确的店铺在遇到挫折、风险的时候更不容易倒下，更倾向于选择坚持。在这里我还是要重申一下：这里的希望和目标不仅仅是店铺经营者内心的一种期许和愿望，而且还是店铺经营活动、销售理念的指导性方向。

举个简单的例子，如果你的店铺的目标是成为全市范围内服务态度最好的店铺，那么你所有的营销方案、促销策略、销售理念都应该围绕着“最好的服务”进行。在这里，无论是希望还是目标，都应该是一贯、统一的，和店铺的营销活动紧密相连的。

在我们身边，不乏一些店铺经营者三天两头给自己提出新目标、给出新希望。他们觉得这是“与时俱进”的行为，实际上则是一种“不连贯”性经营，很难帮助店铺获得气场的提升。

自我坚持的理念

什么是自我坚持的理念？要想搞清楚这个问题，我们可以分为两个问题来回答：

第一，除了获得盈利之外，你为什么要经营这家店铺？开设一家店铺，盈利是第一目的，不过除了盈利之外，应该还有其他的目的存在。

第二，你认为你的顾客凭什么选择你的店铺，而不是你的竞争对手？顾客选择你这家店铺肯定是有原因的，现在你需要做的就是找到这个原因，要知道，这可是你的店铺内心强大的源泉之一。

从某种程度上来说，这两个问题之间有着紧密的联系，第一个问题的答案影响着第二个问题的答案。如果你不太清楚的话，我们不妨来演示一番：

第一，除了获得盈利之外，你为什么要经营这家“计时餐厅”（所谓“计时餐厅”是指“非 24 小时服务”的餐厅，顾客在这里就餐有一定的时间限制）。

答：除了盈利之外，我还想给周围小区的上班族带来方便。

第二，你认为你的顾客为什么会选择你的店铺？

答：理由有两点：首先是方便快捷，在这里就餐不会浪费他们太多的等候时间；其次是实惠，在这里就餐不用花很多钱就能吃饱吃好。

很显然，“方便、快捷、低价、实惠”就是这家“计时餐厅”的经营理念，如果他们能秉持这种理念经营下去，店铺的“内心”就能变得强大，气场也能获得提高。

第二节 感受压力，内心才能强大

对于花草来说，风雨就是压力，只有经历风雨的花朵，才会开得更加娇艳。

对于我们来说，挫折就是一种压力，只有经历挫折洗礼的人，才会变得更加成熟，更加具有魅力。

对于店铺来说，风险就是一种压力，几乎每一个店铺都要经历风险，只有感受到压力的存在，店铺的内部协调才能做得更好、“内心”才能变得更加强大。但有很多店铺因为没有承受住压力，最终关门大吉。这自然是我们不愿意看到的情况，不过我们更需要做的事情就是从这些倒闭的店铺身上获得一些启示。

那么在店铺强化内心的过程中，应该感受哪些方面的压力呢？现在我们就来总结一番：

》资金的压力

如果你不是特别有钱，如果你开设的店铺不是“零投资”的加盟连锁店铺，那么就很有可能遇到资金上的压力。据一份调查统计，近五年开设的店铺当中，有 74.3% 的店铺经营者表示在开设的过程当中遭遇资金上的压力，在这些有资金压力的店铺当中，又只有 61% 的店铺挺了过去，其他的都只是昙花一现，开业不到半年就因为资金短缺而不得不关门或者转让。

我们暂且不管这些店铺经营者为什么在店铺开设之前没有进行资金上的预算，有一点是肯定的：尝到过“没钱滋味”的店铺更容易把精力放在资金的保存、储蓄上，而不是快速地进行再次投资。这样做有一个非常明显的优势：店铺的经营有了保障，有了钱腰杆就能硬，这会促使店铺建立强大的内心。

现在不妨来做个自我调查：

（1）你的店铺在经营过程中是否曾经或者正在遭遇资金方面的压力？

（2）如果你的店铺资金不足，你准备如何处理？

（3）你是如何保障店铺资金运转安全的？

现在，请把你的答案写在下面的空格中，然后自我反省一下：“我的做法正确吗？”

____

____

____

库存的压力

如果有一天，你对当下的潮流进行了误判，或者你对店铺的销货能力没有摸透，那么就很有可能出现库存太多的情况。库存，就是店铺的资金和利润。如果这些库存销售不出去，形成了货物的积压，对店铺来说就是莫大的损失。

如何才能做到零库存？这是很多店铺经营者都在考虑的问题。能够做到零库存，当然是一件好事；不过有了库存的压力并不等于就是不好。当你的店铺面对库存压力的时候，那就会反省：该如何处理这件事情，以后在进货、选择营销方向的时候该如何决断等。只要你的决断能力提高了，就能促进店铺的健康生存和发展，内心的强大也就指日可待了。

经营风险的压力

有经营就会存在风险，任何一个店铺都难以避免这种情况的发生。比如促销方向错误导致效果不理想，因为存在伪劣商品而被迫整顿，因为一些因素导致店铺信誉不佳等，这些都会给店铺的发展带来很大的危害，使得店铺的抗风险能力下降。

为此，很多人都开始考虑：该如何降低经营风险？他们想了很多方法，最终成功的却并不多。由此我们可以得到一个启发：经营风险，几乎每个店铺都能遇到，只要你挺住了，你的内心就是强大的，反之就是脆弱的。

现在，请思考一下，你的店铺可能会遇到哪些经营风险？你又该如何应对呢？

____

____

____

》顾客误解的压力

你本意是想给顾客优惠，却被顾客认为是你想套牢他们；

你原本是想让顾客获得更多的赠品，却被认为这些赠品是快过期的；

你的想法是给顾客带来便利，却被顾客认定是“心术不正”；

……

被顾客误解，这是很多店铺经营者都可能遇到的情况之一。面对顾客的误解，你该如何重新获得他们的理解和信任？这是摆在你面前一个亟待解决的问题，也是你在经营过程中面对的重要压力之一。如果你无法承担这个压力，或者在承担的过程当中出现了差错，店铺的“内心”就无法变得强大，气场就会受到威胁。

由此可以得出一个结论：做任何事情，无论你是为顾客着想，还是为店铺着想，你都应该明明白白地告诉顾客，让顾客知道这是怎么一回事情，而不是寄希望于“蒙混过关”。群众的眼睛是雪亮的，一旦你的“蒙混”被识破，店铺再强大的“内心”、气场都会在瞬间消失殆尽。

》突发事件的压力

从某种程度上来说，店铺是一个公共场所。每天要接待的人很多，也会遇到各种各样的情况，出现突发性的事件也不是没有这个可能性。对于店铺修炼强大的“内心”来说，这也是一个巨大的威胁和压力。尽管这个可能性并不是很大，终究还是要考虑如何应对。现在，不妨趁这些事件还没有发生，就想想对策吧。

常见的突发性事件：

____

____

____

可以使用的具体对策：

____

____

____

第三节 店铺经营讲究“双理模式”

“看着别人的店铺经营得那么好，我真的很眼馋……”

“这些人能够把店铺做得这么好，肯定有过人之处……”

“我很想知道店铺经营的秘诀是什么……”

类似的话语你可能听了很多，或者你自己本身就有类似的想法。诚然，把店铺经营好是每个店铺经营者都希望做到的事情，只是很多时候，天不遂人愿，事情总是很难顺利进行，于是乎很多人开始寻找一种“成功模式”来效仿。

那么店铺经营是不是有一种固定的模式可以效仿呢？如果非要寻找一种模式的话，“双理”模式无疑是最理想、实际的。

什么是“双理”模式？简单点说就是有理想、讲理性。可千万不要小看这两个方面，它们同样是店铺强大内心的来源。下面我们分别来讲述这两个方面：

》有理想

无论是对于店铺经营者，还是对于店铺本身，理想就是一种动力。原因很简单：理想催生目标，目标促使你去努力。

在1945年山姆·沃尔顿创立第一家廉价商店时，他的第一个目标是：“在5年内，使我纽波特的小店成为阿肯色州最好、获利能力最强的杂货店。”要实现这个目标，这家店的销售额必须增长三倍以上，从年销售额72000美元，增长到25万美元。结果这家店达到了目标，成为阿肯色州和附近5个州获利能力最强的商店。

沃尔顿继续替他的公司制订惊人而清晰的目标，每过10年就定出一个目标。1977年，他定出的目标是：在4年内成为年销售额1亿美元的公司（即增长两倍以上）。

当然，这个目标又实现了。他继续替公司定出新目标，以 1990 年为例：沃尔玛公司的一名董事罗伯特·康恩曾经在一封信中这样写道："沃尔顿清楚表明一个目标，要在公元 2000 年前把商店的商品数目增加一倍，并且把每平方尺的销售额提高 60%。更重要的一点，也是大家没有注意到的一点是，他确实定出了 1250 亿美元的明确目标！"

为什么很多店铺经营者明明和沃尔顿一样制订了明确的目标，最终却没有实现，或者半途而废了呢？原因就在于一点：缺少理想的支撑，或者在目标当中掺入了太多利益的因素。这里的利益特指个人的、私自的利益，而不是店铺的、顾客的利益。很多人犯利令智昏的毛病，看到了眼前的利益，就放弃了远大的理想，最终把店铺引入歧途。

现在，请告诉我你的理想和目标是什么？

____

____

____

讲理性

如果说理想是一种动力的话，那么理性就是刹车。前面我们讲到在店铺经营的过程当中很容易遇到一些经营风险，那么请问这些风险是从哪里来的？有一部分是竞争对手带给你的，更大一部分则是你的不理性导致的。比如，盲目进货、听信别人的谣言、固执己见不听他人劝告、片面观察市场等。

导致你不够理性的因素有很多，确保你保持理智的方法同样也有很多。现在我们就简单列举几点：

第一，打造顾客衡量机制。任何产品的引入、任何服务的提出最终具有说话权的都是顾客，而不是你。这个产品到底好不好用、服务是不是贴心，最有评判资格的同样是顾客。如果你想让自己变得理性一点，不妨和顾客走得近一些，对顾客的感觉多了解一些。

第二，店员参与法则。店员是店铺的一线神经，掌握着很多店铺经营者没有掌握的信息。店铺经营者如果能够了解这些信息，将会帮助自己少犯很多错误，让自己变得更加理智一些。所以，当你准备引进某种产品或者服务的时候，最好问问店员的意见。尽管他们最终做不了主，也能给你提供一些参考意见。

第三，遵循中庸法则。什么是中庸法则？说到底就是适可而止的原则。无论是进货还是进行促销活动，如果你有 10 分能力去做这件事情，不妨先从 5 分开始，甚至可以更低。这样做的一个好处就是投石问路，摸清市场行情，即便失败，代价也是较小的。

或许你会说这么做是不是会让店铺丧失一些大的成功机会？这种可能性是存在的，不过和一败涂地相比，小成功总是好的。

现在，我需要你进行反思：你的经营活动是不是够理性呢？同样把你的答案写在下面的空格中：

____

____

____

第四节 要“打扮”，不要伪装

膨胀出来的内心不是强大的内心，伪装出来的气场不是真正的气场。

在提升店铺气场的过程当中，很多店铺经营者希望能够走一条捷径：通过伪装或者膨胀的方式来彰显自己的气场。就像一个气球一样，外面华丽无比，而里面则是空空如也的空气。这些店铺这么做能够让顾客、自己的竞争对手看到自己最优秀的一面，却根本没有意识到一点：这种伪装不仅浪费大量的人力、财力和物力，而且还无法真正强大店铺的内心、提升店铺的气场。

店铺要“打扮”，但不要伪装，不能强求，能做的事情一定要做好，不能做的事情，千万不能勉强，否则后患无穷。作为店铺经营者的你一定要牢记这句话。接下来你就应该了解店铺在哪些方面不能伪装。

》促销

当竞争对手进行促销的时候，自己的店铺是不是也要进行促销？

当节假日来临的时候，是不是一定要进行促销，而且促销力度不能小于竞争对手？

当我在这里提出这种做法的时候，你会觉得很搞笑，可实际上有很多店铺经营者就是这么做的。

“看对手行事”已经成了很多店铺经营者是否选择促销、该如何进行促销时考虑的一种模式。很显然，这种模式并不完全正确，任何一个店铺，在考虑这个问题的时候，都不应该看对手行事，而应该看自己的能力行事。有多大能力，就做多大的事情，这才是正确的行事风格。

价格战

价格战，很多时候就是一种损人不利己的行为。尽管很多人都知道这一点，却还是有人在不停地使用。很显然，两家店铺一旦陷入了价格战的恶性循环之中，谁都无法得到好处。不过我们也应该意识到一点：价格战，确实是打败竞争对手的一柄利剑，只要运用得当、你的店铺能在价格战中挺下来，效果会相当明显。

那么自己的店铺到底应不应该进行价格战？判断的依据是你是否有足够的能力来做这件事情。如果没有“死磕到底”的资金实力，趁早放手，不要强装有能力而最终不得不败下阵来。

综观我们身边的很多店铺，不正是败在这一点上吗？

赞助

为了提高店铺的知名度，赞助已经成为一种广受店铺经营者喜欢的宣传方式。比如赞助贫困学生完成学业、赞助残疾人、支持公益事业等。店铺这样做，确实能在短时间里提高知名度，改善店铺的整体形象，提高店铺的气场，不过这也有一个前提条件：这种形象必须一直保持。如果店铺半途因为资金不足而出现“无以为继”的情况，这种宣传效应就会大打折扣，甚至还会带来负面影响。

因此，在决定赞助之前，最好先做好预算，或者拨出专门的款项，以免捉襟见肘的情况出现。

引进新产品

引进新产品，势必需要很多资金。这些资金是不是能够满足你的需求，能不能切实提高店铺的气场，这也是你必须要考虑的问题之一。在我们身边，有很多店铺，完全是为了引进新产品而引进新产品，根本不顾自己是否有这样的实力。甚至还有很多人完全是因为看到竞争对手引进了新产品，如果自己不引进，就会觉得低人一等。

这种想法可笑之极。

提供新服务

如果店铺能为顾客提供新的服务，这当然是一件好事，只是你应该清楚一点：增加一项新的服务或者提升一项服务的水准要涉及很多方面的投入。比如人力、资金、设备、场地等各个方面。而且这样的服务是不是能够获得顾客的好评，进而提高店铺的销售呢？这些问题你都得进行综合考虑，不能简单地看竞争对手拥有了这种服务，自己的店铺也得拥有。竞争是需要的，但不等于就必须进行攀比，否则很有可能既伤了财力，又伤了气场。

14 第十四章

强气场，不等于盛气凌人

什么是强气场？盛气凌人？不按照顾客的要求提供服务、不满足顾客的需求、对顾客的抱怨不愿意及时解决？甚至还认为这就是自己店铺的特色？……

可能现在你觉得这样做有些不可思议，事实上，在我们身边，很多店铺经营者都是这么认为、这么执行的。在他们看来，强气场，不就是挺直了腰杆说话吗？

很显然，这样的理解是有偏差的。气场，并不等于气势，它是一种内在的吸引力和外在的张力的合成体。支撑强气场的，不是店铺经营者的恶声恶语，而是高质量的商品、良好的服务、到位的营销……

正如一位店铺经营管理学家所说的那样，要想具备强气场，还得走正道，实实在在付出、多为顾客着想。

第一节 气场不等于气势

气场不等于气势，这是两个不同的概念。遗憾的是我们身边的很多店铺经营者都将两者混为一谈，认为气场强大就是用气势压人，逼着对方到自己的店铺消费、认同自己的经营理念。可以这样说，如果你认为这就是强气场，那么结果只有一个：在很短的时间里把顾客都吓跑，然后关门大吉。

很明显，这不是我们提高店铺气场的本意。提高气场，目的是让店铺的销售更加火爆，经营者能够获得更多的利润、赚大钱。要想达到这个目的，你还得再做一个工作：把气场和气势区分开来。

气场和气势之间有什么区别呢？我们现在就来看一下：

》气势是外在的力量，气场是内在品质

气势，是表现出来的力量、威势。它显露在外，任何时候都能看到。而气场则是内心的一种张力，是店铺内在的一种吸引力。气场并不显露在外，只有当你真正进入这家店铺的时候，你才能感受到。

除此之外还有一点很重要，气势，是店铺主动给顾客的一种感觉，顾客被动接受；而气场，则是顾客主动感受到的，不由自主地被吸引的。

区分这一点有什么好处呢？告诉你一点：修炼气场不能局限在外表，比如仅仅靠装修店铺、修改店名、强化logo等外在形式来解决，而应该深入店铺的“内心”，比如提高商品的质量、服务的档次，提供更好的售后等。

》气势只能吓唬人，气场才能解决问题

在经营过程中如果遇到一些问题，靠气势是解决不了的，甚至还有可能激化矛盾，把小事变成大事。相反，如果一个店铺有着强大的气场，不仅有利于这些问题的解决，还能起到“大事化小，小事化了”的效果。

是不是觉得很不可思议？

情景范例 刚买的洗衣机坏了

某顾客在店铺购买了一台洗衣机，用了一段时间，这台洗衣机就坏了。顾客按照规定，要求商场退货或者更换新机。而店铺则认为这是顾客使用不当造成的损坏，只能维修，不能退换。矛盾就出现了。

那么使用气势和气场会有什么不同的结果呢，我们来演示一番：

店铺使用气势——

店铺：我们店铺销售的都是质量合格的产品，不可能有这种情况出现，您肯定是使用不当造成的损害，按照规定，这种情况我们只能给予免费维修。

顾客：什么证据显示是我使用不当造成的？

店铺：我们可以通过第三方的检查得出结论，我们店铺可以请第三方来检查，不过费用得由您来承担？

顾客：凭什么？

店铺：既然您不愿意，那就只能直接维修，而不是退换货，那是不可能的事情，您明白吧？

顾客：行，那我找消协和媒体，这件事情不能就这么算了。

店铺使用气场——

店铺：刚买的洗衣机就出了问题，给您生活带来了不便，真是不好意思。不过据我们了解，可能是您在使用的时候有了不当的操作。如果是这种情况的话，我们店铺只能提供免费维修的服务。

顾客：是吗？我的操作不正确？

店铺：当然，我们也只是通过您的陈述进行的猜测，如果您需要第三方进行检测的话，也是可以的，不过费用上可能比较高，会给您造成不必要的负担，而且时间上也会有拖延，会给您的生活带来更多的麻烦。

顾客：那到底该如何解决呢？

店铺：要不就这样，我们负责维修，两天就好，您看怎么样？我们是讲究信誉的店铺，还指望您能够再次光临呢，所以请您放心好了，我们一定会努力修好。

顾客：行，那就这样吧。

从这个案例当中，你已经知道什么样的是气势、什么样的是气场了吧？站在店铺经营的角度，气势就是一种情绪的对立，激化矛盾，而气场则是帮助顾客解决问题、宣泄情绪、消除矛盾，提高店铺的形象和吸引力。

气势可以伪装，气场是魅力的彰显

一个很普通的人，只要穿上合体的西服、打上领带、戴上墨镜，气势立刻就显露了出来。这种气势就是通过服装、配饰烘托出来的。而一个没有气场的人，无论使用什么辅助手段，都无法显出气场，尽管有时表面上看气势逼人，但只要有言行动作，就会露馅。气场，是实实在在的内在魅力的彰显，无法伪装。

人是如此，店铺也是如此。如果你觉得自己的店铺气势不够，完全可以通过装修、陈列、pop等方式来获得。不管这些方式做得如何到位、如何符合人心，店铺的气场还是弱的，特别是当顾客进店消费之后，很快就会露馅。

我说了这么多，无非就是想告诉你一句话：要想提升店铺的气场，不能停留在气势阶段，而应该继续深入。

第二节 强气场，需要好服务支撑

随着商品多样化时代的到来，店铺和店铺之间的竞争更多地体现在了服务上。这样使得店铺的气场着重点发生了变化：从商品开始向服务转移。这种情况导致的一个结果是什么呢？服务不好，则气场不强。

提供好的服务、优质服务已经是店铺提高气场的必经之路。在这一点上，你可能也认同，也在努力这么做。不过我们今天探讨的问题还应该更加深入一步：“好服务”究竟是一个什么样的标准？换句话说，什么样的服务才能算是好的服务呢？不同的业界有着不同的标准，不过以下几点应该是通用的。

文明礼貌是基本

衡量一个店铺的服务到底好不好，顾客最直观的判断就是是否做到文明礼貌。比如是否使用文明用语，在接待顾客、提供服务、解决问题的时候有没有讲究礼貌等，这些都会影响到店铺的气场。

要提醒一点：文明礼貌绝不仅仅是一种职业化的体现，更应该是发自内心的。在我们身边的很多店铺人员仅仅是“职业化”地表现自己文明礼貌的一面，而在私下场合或者在没有面对顾客的时候，则松懈得很，这样的服务自然其气场也是不连贯的。

现在，请反省一下，你的店铺是否存在不文明、不礼貌的情况？如果有，你准备如何解决呢？

____

____

____

》不止步于“标准”

实行标准化作业，很多店铺都在这么要求店员或者自己。有标准可循，确实方便了很多。不过我们也应该意识到一点：标准，在给执行者提供了行动准则的同时，也束缚住了他们的手脚，使得很多店铺人员根本没有办法做好自己的服务。《海底捞你学不会》一书这样写道：“让员工严格遵守制度和流程，其实等于雇佣一个人的双手，而没有雇佣他的大脑。”

举个例子来说：一个老太太在收银台结账，地面路很滑。如果以“好服务”的标准，看到这种情况的收银员应该出来搀扶一下，可是如果按照收银员工作标准来执行的话，收银员是不允许离开收银台的，以防耽误其他顾客的收银工作。那么这就是一种冲突，止步于“标准”，是“好服务”的一大障碍。

由此可见，店铺要想真正提高服务质量，就不应该止步于“标准”，而应制定更加人性化、更加符合实际的“标准”。

》满足顾客差异化的需求

好的服务不是为某个人服务，也不是为某类人服务，而是为所有的人服务。这就涉及一个问题：人与人之间是有差异的，店铺的服务如何满足差异化的人群？很显然，店铺的服务就应该具备差异化。

无视顾客的差异化，就是无视顾客需求的差异化。举个很简单的例子：城市的顾客和农村顾客的需求会一样吗？校园里的学生和集贸市场的老奶奶的需求又会一样吗？男性顾客的需求和女性顾客的需求会是一样的吗？

肯定不一样。我们甚至可以这么说，每一个人的需求都是不一样的，每一个人对服务的要求也是不一样的。提高店铺的服务质量，有一个很重要的思想，就是承认人的差异，承认人思想的差异、能力的差异、偏好的差异、需求的差异等。

作为店铺经营者，你是否该考虑一下如何根据自己的顾客进行差异化的服务呢？把你想到的写在下面的空格中吧：

____

____

____

讲究效率、质量

为了提高服务质量，而让顾客在那里等上你半个小时显然是不合理的。这样的服务再怎么高质量，顾客也不会答应。暂且不说现在的社会生活节奏有多快，即便顾客是闲人一个，他们也不一定有如此的耐心来等待店铺无效率的服务工作。

在这里，很多人把这种情况与“慢工出细活”联系在了一起。要知道，这不是同一个概念。店铺要想给顾客提供优质的服务，要保证两点：高效和高质。

当然，提高服务人员工作效率的方法有很多，比如说以下几点：

◎ 实行“专人负责”的工作制度；

◎ 利用奖金等福利进行激励；

◎ 把服务工作流程化；

◎ 对服务人员进行培训；

◎ 选择优秀的服务型人才加盟；

◎ 为顾客服务开辟绿色通道。

类似的方法还有很多，你可以根据自己店铺的实际情况具体执行，没有必要照搬照抄。

第三节　店再大也不能欺客

店铺气场强大，接下来往往就是店铺的扩张，小店铺成为大店铺，大店铺成为超级店铺。这也许是店铺经营者最希望看到的结果。不过当你的店铺走到这一步的时候，请千万避免进入一个误区：店大欺客。

店大欺客，这是很多大型店铺经常犯的一个错误，在这些店铺经营者或者店铺人员的心目中，萦绕着一种想法：我的店铺很大，知名度很高，你不来光顾，自然有人来光顾，失去一个顾客对自己的店铺没有多大的影响。

暂且不管店铺人员的这种想法是不是正确，有一点是肯定的，“店大欺客”就好比一种快速传播的病毒，店铺人员把它传给了一个顾客，那么这个顾客就会将它传给自己身后的很多人。有一种理论认为：每一个顾客身后都站着这个店铺8个潜在顾客，店铺伤害了一个顾客，就等于也伤害了这个顾客身后的8个潜在顾客。那么这8个潜在顾客身后呢？同样也站着8个顾客，那就是64个潜在顾客……

很显然，这个数字是很可怕的。店大欺客，会让店铺的气场在短时间里跌落，让店铺长久以来的努力化为灰烬。

作为店铺经营者，一定要意识到这一点，并切实避免“店大欺客”的情况出现。要知道，让店铺气场强大起来的目的是获得更大的生存空间、赢得更多的利润，而不是让你去欺负顾客。水能载舟亦能覆舟的道理，你应该牢记在心。

那么对于这些店铺来说，该如何避免“店大欺客”的情况出现？你可以选择使用下面的这些方法。

做好必要的公示

说到店大欺客，很多时候你会觉得很冤枉，因为你是完全按照店铺的规定来执行的，而这种规定却被店铺顾客认定是“霸王条款”。说到底，店铺没有做错，顾客却不认可。这种情况该如何解决？最好的办法就是进行公示，而且是非常清楚地公示。

比如如何使用优惠券，你可以把要求直接印制在优惠券上面，或者在收银台周围设置大幅 pop 进行公示，让每一个来结账的顾客都能看到。如果他们不明白，店铺人员可以进行解释。

这些条款公示之后，就是一种摆在台面上的要求，无论是店铺还是顾客，既然选择消费交易，那么就应该遵守这种要求。如果遇到有的顾客就是不愿意这么做，那么不要犹豫，直接寻找相关单位的介入和帮助，比如公安机关、消费者协会等。

在收银台、售后客服上下工夫

很容易出现“店大欺客”纠纷的地方有两处：收银台、售后客服部。所以，要想避免纠纷，就应该在这两个地方下工夫。下工夫做哪些事情呢？我来告诉你：

◎ 提高相关人员的话术，多说好听的话；

◎ 改变不合理的制度，别让顾客为坏制度埋单；

◎ 制定灵活的应对策略，让服务人员能放开手脚做事；

◎ 打造“一切为了顾客”的服务理念；

◎ 给专人授权处理相关事宜；

◎ 决定一切以“信誉”为重，看淡利益。

类似的方法还有很多，在具体执行这部分的时候，要遵循一个原则：不要因为一些小利益而伤害店铺的信誉。当然，这种忍让是有限度的，遇到顾客故意挑衅或者滋事的时候，一定不能放任。

多站在顾客的角度考虑问题

为什么顾客会觉得“店大欺客”呢？关键就在于一点：他们的需求无法得到满足、抱怨的情绪无法得到宣泄。这个时候，尽管不是店铺的错，顾客也会有“受店铺欺负”的感觉。要想改变这种情况，多多站在顾客的角度来考虑问题是非常有必要的，尽量满足顾客的需求、让顾客的情绪得到宣泄。这样做可能会伤害到店铺的一些利益，不过和强大的气场、声誉以及未来的发展比起来，这样的损失又算得了什么呢？

那么具体该如何去做呢？

◎ 了解顾客的不同需求，并尽量满足；

◎ 同情顾客的遭遇，并给予安慰；

◎ 切实帮助顾客解决问题，不要拖延；

◎ 如实、快速地向上司反应顾客问题；

◎ 多想想：如果是我遇到这样的问题，我该怎么办；

◎ 多为顾客做一点力所能及的事情，比如送赠品、打折、帮助叫出租车等。

在店铺和顾客之间出现矛盾的时候，店铺能为顾客做的事情有很多。多为顾客做一点，就能多获得一点谅解，也就等于为店铺的气场加了一分。

规范化经营、服务

要想避免“店大欺客”的情况出现，还得给店铺下一剂猛药：规范化经营和服务。这里的“规范化”不是指你给店铺制定的规范，而是业界公认的规范、国家规定的“规范”。举个简单的例子：出售的商品实行“三包”、“无条件退换货”、给顾客提供发票、合理使用优惠券、规范使用会员卡等。这都是切实减少“店大欺客”情况的好方法。

当然，这些方法未必完全能够帮助你达到目的，你还可以根据自己店铺的实际情况再选择合适的方法来处理。现在，就把你认为有用的方法记录在下面的空格中：

____

____

____

第四节 “犀利”的推销伤不起

店铺的营销离不开推销，合理有效的推销直接关系到店铺气场的大小。在我们身边，很多店铺都采用推销的方式来提高店铺商品的成交量。这样做并没有错，不过你可能忽略了一点：你在着力提升店铺成交量的同时很有可能使用了“犀利”的推销方式。这种推销方式确实能在短时间里提高店铺的销售量，不过它对店铺气场的伤害同样是巨大的。使用这种方法，对于店铺来说，无异于饮鸩止渴。

这么说一点都不过分，你应该深刻地意识到这个问题。因为面临“犀利”的推销，顾客在一般情况下会选择购买以减少麻烦，但是他们会对这个店铺产生非常不好的印象，甚至以后为了避免被这些推销员缠上而不再进店消费。

想想看，当你遇到一个难缠、烦人的推销员时，你的反应是不是如此呢？现在，就来让我们认识一下哪些推销属于“犀利”的范畴吧！

贬损竞争对手

很多推销人员为了让顾客知道自己的商品、服务相对于竞争对手的优胜之处，会通过贬损对方的方式来进行。比如我们常见的“他们家的货物不好”“那家的服务你也相信啊”“除了我们家，没有人有这么好的商品了”……

暂且不说这些推销员说的是不是有些过分，即便他们说的是正确的，情况属实，在顾客看来也有“言过其实”的怀疑。为了避免自己上当受骗，顾客往往会选择别的店铺去消费，以“查证”情况是不是如此。

贬损竞争对手，对于你的店铺没有任何好处，你的推销只会让顾客产生怀疑。

变相强卖

强买强卖的事情在当今的法制社会已不常见，不过变相强卖的推销方式却在很多店铺里频繁上演。比如“只有购物满 198 元才能参与抽奖”“消费满 98 元才能办理会员卡”“成为会员一年之后才能申请白金会员”……

表面上看，这种推销方式一点错都没有，是店铺制定的制度，如果顾客想要参与，就必须遵守。不过这种“变相强迫顾客消费”的推销方式，会让顾客觉得不舒服。如果你的周围存在很多竞争对手的话，顾客很有可能被你“逼”到对方那里去。

伤及自尊

所谓伤及自尊是指如果顾客不接受推销人员的推销，就会在面子上过不去，自尊受到伤害。这种推销方式很常见，给顾客造成的伤害也是最大的。

情景范例

伤人自尊的花店广告

情人节，某花店为了促进玫瑰花的销售，特地做了一个大大的广告牌，树立在店铺的门口，广告牌上面赫然写着：“如果你连一支玫瑰花都不想买给她，你还算是个男人吗？如果你连一支玫瑰花的钱都付不起，你还有资格继续爱她吗？”

很显然，这家花店之所以打出这样的广告，目的就是刺激男性去购买玫瑰花。然而站在顾客的角度来说，他们即使买了，也是心不甘情不愿的。那么请问，对于一个侮辱过他们的店铺，他们下次还会选择光顾吗？肯定不会。

选贵不选对

推荐商品，是店铺人员日常工作的一部分。按理说，推荐商品应该根据顾客自身的需求来进行，即顾客需要什么样的商品，就推荐什么样的商品。可是很多店铺的推销人员为了达到某种利益，比如获得厂家的回扣、获得更高的提成等，单纯地只推销价格高的商品。尽管顾客指明需要价格低的同类商品，他们也会想方设法说服顾客购买高价商品。

现在，这种情况在药店比较常见，店铺营销人员往往抓住了人们“早日康复”“药物贵一点效果好一点”的心理来进行推销。

毫无疑问，顾客对店铺人员的这种推销是很反感的。一旦他们遇到这种情况，会有两种反应：拒绝推销或者拔腿就走。对于你的店铺来说，既很难提升成交率，获得利润，也很难提升店铺的气场。

贴身死缠烂打

要想做好推销工作，我们并不反对坚持，但也要避免进入一个误区：死缠烂打。顾客明明表示不愿意购买这种商品，店铺推销人员还在一个劲儿地不断推销，顾客走到哪里，他们就跟到哪里，直到顾客购买了商品为止。

曾经有个营销专家把这种推销方式称之为“流氓行为”，这种比喻很贴切。面对这种“流氓行为”，面对有这种“流氓行为”的店铺，顾客能怎么办？敬而远之。

在日常的推销活动当中，损害店铺气场的推销方式还有很多，你可以自我反省一下：你所见到的损害店铺气场的推销方式还有哪些？现在就把它记录在下面：

____

____

____

附　录

店铺经营常见的 101 个错误

店铺经营过程中，很容易出现一些错误。这些错误有大有小，有的你已经注意到，有的还处在被忽略的状态之中。今天，我们不妨进行一番罗列汇总，对常见的101种错误进行归纳总结。现在，我就把这些错误罗列在下，你可以对照一下，自己的店铺是否存在相同的或者相类似的情况，如果有，尽快改正，把你的改正措施写在后面的空格之中。

1. 过度看重店名、logo等外在形象。

□没有这种情况　　□有这种情况

改正措施：________________________________

____

____

2. 开展营销活动前准备不足、预算出错。

□没有这种情况　　□有这种情况

改正措施：________________________________

____

____

3. 没有进行调研就开展促销活动。

□没有这种情况　　□有这种情况

改正措施：________________________________

____

____

4. 不清楚顾客的需求就盲目引进商品或提供服务。

□没有这种情况　　□有这种情况

改正措施：________________________________

____

____

5. 忽视选址或过度看重选址。

□没有这种情况　　□有这种情况

改正措施：________________________________

____

____

6. 对店铺经营没有足够的认识。

□没有人民日报出版社这种情况　　□有这种情况

改正措施：________________________________

____

____

7. 店铺商品陈列过于杂乱。

□没有这种情况　　□有这种情况

改正措施：________________________________

____

____

8. 店铺没有商品特色、经营特色。

□没有这种情况　　□有这种情况

改正措施：________________________________

____

____

9. 为了暂时的利益，损失顾客长远的信任。

□没有这种情况　　□有这种情况

改正措施：________________________________

____

____

10. 对店铺定位不明确，随意更改。

□没有这种情况　　□有这种情况

改正措施：________________________________

____

____

11. 过度依赖促销活动，动不动就搞促销活动。

□没有这种情况　　□有这种情况

改正措施：________________________________

____

____

12. 在营销策略上跟风进行。

□没有这种情况　　□有这种情况

改正措施：________________________________

____

____

13. 唯竞争对手马首是瞻，没有自我的方法。

□没有这种情况　　□有这种情况

改正措施：________________________________

____

____

14. 店铺盲目扩张。

□没有这种情况　　□有这种情况

改正措施：________________________________

____

____

____

15. 投资没有计划性、盲目进行。

□没有这种情况　　□有这种情况

改正措施：____

____

____

16. 店铺销售目标不明确、随意更改。

□没有这种情况　　□有这种情况

改正措施：____

____

____

17. 亏待店铺营销人员。

□没有这种情况　　□有这种情况

改正措施：____

____

____

18. 慢待低消费、少消费的顾客。

□没有这种情况　　□有这种情况

改正措施：____

____

____

19. 和供货商搞不好关系。

□没有这种情况　　□有这种情况

改正措施：____

____

____

20. 没有了解潜在的竞争对手。

□没有这种情况　　□有这种情况

改正措施：

21. 没有选择合适的合伙人。

□没有这种情况　　□有这种情况

改正措施：

22. 经营方式选择不恰当、不合理。

□没有这种情况　　□有这种情况

改正措施：

23. 容易陷入“价格战”的漩涡中。

□没有这种情况　　□有这种情况

改正措施：

24. 进货渠道选择不合适。

□没有这种情况　　□有这种情况

改正措施：

25. 装修风格不统一。

□没有这种情况　　□有这种情况

改正措施：____

____

____

26. 店面没有保持清新、整洁。

□没有这种情况　　□有这种情况

改正措施：____

____

____

27. 店铺的信誉形象树立不佳。

□没有这种情况　　□有这种情况

改正措施：____

____

____

28. 店员形象设计有欠缺。

□没有这种情况　　□有这种情况

改正措施：____

____

____

29. 卖场环境不理想。

□没有这种情况　　□有这种情况

改正措施：____

____

____

30. 店员服务态度粗暴、不礼貌。

□没有这种情况　　□有这种情况

改正措施：

31. 促销pop不整齐、不美观。

□没有这种情况　　□有这种情况

改正措施：

32. 店铺氛围营造不热烈。

□没有这种情况　　□有这种情况

改正措施：

33. 店铺商品摆放不方便取放。

□没有这种情况　　□有这种情况

改正措施：

34. 货品分区不够清晰、合理。

□没有这种情况　　□有这种情况

改正措施：

35. 饰品摆放不规范、不牢固。

□没有这种情况　　□有这种情况

改正措施：____

____

____

36. 没有合理利用橱窗来展示商品。

□没有这种情况　　□有这种情况

改正措施：____

____

____

37. 商品之间没有进行色彩配搭。

□没有这种情况　　□有这种情况

改正措施：____

____

____

38. 货品摆放不整齐。

□没有这种情况　　□有这种情况

改正措施：____

____

____

39. 陈列空间设计不合理。

□没有这种情况　　□有这种情况

改正措施：____

____

____

40. 陈列模式长期不更新。

□没有这种情况　　□有这种情况

改正措施：________________

41. 不重视回头客。

□没有这种情况　　□有这种情况

改正措施：________________

42. 没有建立顾客档案。

□没有这种情况　　□有这种情况

改正措施：________________

43. 顾客资料外泄引发不满。

□没有这种情况　　□有这种情况

改正措施：________________

44. 漠视顾客的不满和情绪。

□没有这种情况　　□有这种情况

改正措施：________________

45. 倾听顾客不够有耐心。

□没有这种情况　　□有这种情况

改正措施：________________

____

____

46. 没有抓住核心顾客群。

□没有这种情况　　□有这种情况

改正措施：________________

____

____

47. 对挑剔的顾客恶言相对。

□没有这种情况　　□有这种情况

改正措施：________________

____

____

48. 没有及时处理顾客的投诉。

□没有这种情况　　□有这种情况

改正措施：________________

____

____

49. 没有意识到顾客流失的问题。

□没有这种情况　　□有这种情况

改正措施：________________

____

____

50. 无法重视顾客的抱怨。

□没有这种情况　　□有这种情况

改正措施：______________________________

____

____

51. 没有找对和顾客沟通的渠道。

□没有这种情况　　□有这种情况

改正措施：______________________________

____

____

52. 没有对顾客进行分类。

□没有这种情况　　□有这种情况

改正措施：______________________________

____

____

53. 贪便宜而选择没能力的店员。

□没有这种情况　　□有这种情况

改正措施：______________________________

____

____

54. 店员绩效考核制度不合理。

□没有这种情况　　□有这种情况

改正措施：______________________________

____

____

55. 不懂得激励店员的积极性。

□没有这种情况　　□有这种情况

改正措施：________________

56. 以罚款来阻止店员出错。

□没有这种情况　　□有这种情况

改正措施：________________

57. 对店员不合理的行为睁一只眼闭一只眼。

□没有这种情况　　□有这种情况

改正措施：________________

58. 和店员说空话、大话。

□没有这种情况　　□有这种情况

改正措施：________________

59. 没有对店员进行定期培训。

□没有这种情况　　□有这种情况

改正措施：________________

60. 管理店员没有人性化。

□没有这种情况　　□有这种情况

改正措施：________________

____

____

61. 没有设计合理的促销方案。

□没有这种情况　　□有这种情况

改正措施：________________

____

____

62. 促销方案选择不合理。

□没有这种情况　　□有这种情况

改正措施：________________

____

____

63. 促销频率过快或者过慢。

□没有这种情况　　□有这种情况

改正措施：________________

____

____

64. 促销宣传不到位导致效果不佳。

□没有这种情况　　□有这种情况

改正措施：________________

____

____

65. 只针对某一类人促销。

□没有这种情况　　□有这种情况

改正措施：________________

____

____

66. 促销人员无组织、无纪律。

□没有这种情况　　□有这种情况

改正措施：________________

____

____

67. 促销活动无诚信可言。

□没有这种情况　　□有这种情况

改正措施：________________

____

____

68. 没有制定保障促销安全的措施。

□没有这种情况　　□有这种情况

改正措施：________________

____

____

69. 进货时机不把握。

□没有这种情况　　□有这种情况

改正措施：________________

____

____

70. 店铺没有主打商品。

□没有这种情况　　□有这种情况

改正措施：

71. 不及时盘货造成积压。

□没有这种情况　　□有这种情况

改正措施：

72. 对商品销售分析不到位或无分析。

□没有这种情况　　□有这种情况

改正措施：

73. 进货成本居高不下。

□没有这种情况　　□有这种情况

改正措施：

74. 处理滞销商品不果断。

□没有这种情况　　□有这种情况

改正措施：

75. 没有着力打造自我品牌。
□没有这种情况　　□有这种情况
改正措施：

76. 店铺商品或服务长期不更新。
□没有这种情况　　□有这种情况
改正措施：

77. 以自己的想法代替顾客的需求。
□没有这种情况　　□有这种情况
改正措施：

78. 没有制定库存商品管理制度。
□没有这种情况　　□有这种情况
改正措施：

79. 只求利而不求名。
□没有这种情况　　□有这种情况
改正措施：

80. 漠视顾客的利益和需求。
□没有这种情况　　□有这种情况
改正措施：

81. 不懂得站在顾客的角度处理问题。

□没有这种情况　　□有这种情况

改正措施：

82. 推销商品时不把握顾客心理。

□没有这种情况　　□有这种情况

改正措施：

83. 把顾客当成“敌人”。

□没有这种情况　　□有这种情况

改正措施：

84. 不敢、不愿意承担责任。

□没有这种情况　　□有这种情况

改正措施：

85. 在危机面前不知所措。

□没有这种情况　　□有这种情况

改正措施：

86. 碍于面子不向顾客道歉。

□没有这种情况　　□有这种情况

改正措施：

87. 把顾客的投诉当成“耳边风”。

□没有这种情况　　□有这种情况

改正措施：

88. 店铺经营不贴近大众。

□没有这种情况　　□有这种情况

改正措施：

89. 不注重细节，破坏店铺形象。

□没有这种情况　　□有这种情况

改正措施：

90. 店铺经营太过于“势利”。

□没有这种情况　　□有这种情况

改正措施：

91. 店铺设施破损却没有维修。

□没有这种情况　　□有这种情况

改正措施：

92. 不注重店铺内的气味。

□没有这种情况　　□有这种情况

改正措施：

93. 以口才好坏判断营销人员的好坏。

□没有这种情况　　□有这种情况

改正措施：

94. 店铺人员工作中带有情绪。

□没有这种情况　　□有这种情况

改正措施：

95. 以“店铺规定”回绝顾客。

□没有这种情况　　□有这种情况

改正措施：

96. 做出承诺却无法兑现。

□没有这种情况　　□有这种情况

改正措施：

97. 对店铺销售情况盲目乐观。

□没有这种情况　　□有这种情况

改正措施：

98. 优柔寡断，丧失销售良机。

□没有这种情况　　□有这种情况

改正措施：

99. 对营销成本不关注或关注过少。

□没有这种情况　　□有这种情况

改正措施：____

____

____

100. 提升店铺销售业绩仅凭热情。

□没有这种情况　　□有这种情况

改正措施：____

____

____

101. 轻易放弃暂时不盈利的商品或服务。

□没有这种情况　　□有这种情况

改正措施：____

____

____

《做最有气场的卖手》 2014年5月1版1次 中国经济出版社
定价：32.00元

卖手是直接和顾客打交道的店铺人，是完成销售的最后一环。如果临门一脚没有踢好，前面所有的铺垫工作都将失去意义。卖手是一个要求十分全面的岗位，除了一些必备的要素之外，还应该具备强大的气场。

本书就是为卖手这一卖场重要岗位量身打造的，从主观心态到客观销售技巧，各方面都有详尽叙述。从书中，你不仅可以意识到卖手气场的重要性，而且能够实实在在地学到如何提高气场。如能加以实践，销售冠军将不再是梦！

《做最有气场的店铺》 2014年5月1版1次 中国经济出版社
定价：35.00元

经营一个旺铺，不仅需要关注店铺的营销定位、店址选择、店面装修等，还需要着力打造店铺气场，提高对顾客的吸引力，让其忠诚于店铺，和店铺一起成长。

提高店铺气场，是一个系统工程，比如提高“存在感”、塑造“主角意识”、秉持“理念”、培养强大的“内心”、审视“自我”等。这些内容，在本书中都能找到。只要让店铺在经营过程中学会两条腿走路，店铺气场就会越来越强大，成长也将越来越快速。

《做最有气场的店长》 2014年5月1版1次 中国经济出版社
定价：35.00元

店长是一个店铺实际经营过程中的掌权者。常言说得好：开不开店看老板，赚不赚钱看店长。一个店铺如果想成为旺铺，没有一个气场十足的店长是万万不行的。

店长，作为店铺经营的具体策划者和执行者，不能只是简单地执行老板的命令，例行公事地开展管理工作，还得能够临危受命、力挽颓势，妥善处理各种棘手问题，管理好与店员、顾客等各种内外部因素的关系，用创造性的方法提升店铺销售。

本书对如何打造气场性店长进行了全面阐述，相信能助店长业绩大增！

《零售业100个创意促销方案（升级版）》2014年5月1版1次
中国经济出版社 定价：39.50元

本书是100个创意促销方案的集中展现，更是一本能够让你的店铺疯狂赚钱的教程。

它通过“促销目标”“促销对象”“创意解读”“前期准备”“宣传推广”“促销预算”“后期开发”“注意事项”等要素，对各个方案进行了严谨、有序、到位的剖析，让你拿到任何一个，马上就能着手实施，见到效益；并达到既提升销售又打击竞争对手的双重功效。